Chevaux et taureaux à ciel ouvert

1/07/2015

Bon anniversaire
Renée
Bisous. Agnès

AU DIABLE VAUVERT

Ángel Peralta

Chevaux et taureaux à ciel ouvert

Traduit de l'espagnol par Antoine Martin

ISBN : 978-2-84626-925-4

Titre original : El mundo del caballo y del toro, a cielo abierto

Au diable vauvert
www.audiable.com
La Laune 30600 Vauvert

Catalogue sur demande
contact@audiable.com

Les éditions Au diable vauvert remercient le rejoneador-écuyer **Freddy Porte** d'avoir bien voulu prêter son concours au traducteur Antoine Martin en révisant la justesse équestre de la traduction française et en réalisant un glossaire exhaustif des termes de l'équitation tauromachique.

AU DIABLE VAUVERT

Équitations, Tauromachies, Nature et Territoires

Sommaire

Préface

Quiconque jouit d'un minimum de sensibilité esthétique devra convenir que le cheval espagnol et le toro bravo sont parmi les plus superbes animaux de la Création. Si on les réunit en harmonie, comme il est d'habitude sur les terres andalouses et dans les arènes, ce qu'on appelle l'art du *rejoneo* peut être d'une extraordinaire beauté.

La tauromachie à cheval est liée aux pratiques primitives de la chasse à la lance, auxquelles les paladins s'exerçaient en mode d'entraînement à la guerre. Elles sont à l'origine de la corrida moderne. On prétend même que certains rois espagnols (Carlos V) et portugais (Don Sebastián, Don Duarte) furent de grands lanciers de toros bravos. S'ils abordent en priorité la tauromachie à pied, les premiers traités tauromachiques, ceux attribués à Pepe-Hillo et à Paquiro, consacrent logiquement leur seconde partie au toreo à cheval.

À l'évidence, cette tradition ibérique commune s'est ramifiée en deux branches après la séparation du Portugal et de l'Espagne. Chez nous, en Espagne, la tradition du toreo à cheval a périclité, tandis que, tout au contraire, elle s'est maintenue et s'est perfectionnée dans le pays voisin, grâce au marquis de Marialva (c'est la raison pour laquelle, aujourd'hui encore, certains continuent de qualifier le rejoneo « d'art de Marialva »).

Le XXe siècle vit briller deux grandes figures de *cavaleiros* portugais, Simao da Veiga et José Branco Nuncio. Avec eux se produisait Antonio Cañero, professeur d'équitation et restaurateur du rejoneo dans nos contrées. Les chroniques de don Gregorio Corrochano, maître de la critique, rendent compte de ses hauts faits. Il combattait des taureaux aux cornes intactes et participait au tirage au sort (*sorteo*) avec les matadors. Il mettait pied à terre pour accompagner la mort du taureau, dont il avait attendu la sortie de son adversaire à la porte du toril. Et, si celui-ci surgissait avec force, sa jument Bordó était capable de lancer sa course par un bond de cinq mètres…

À sa suite, de grands noms de la tauromachie à pied, tels El Algabeño et Juan Belmonte (et Paco Ojeda plus récemment), ont pratiqué le rejoneo.

Après la guerre, de nouvelles grandes figures se sont révélées : Álvaro Domecq, le Duc de Pinohermoso, Pepe Anastasio, l'aimable amazone Conchita Cintrón…

C'est dans cette lignée que s'inscrit, comme un grand rénovateur du rejoneo, le Sévillan Ángel Peralta. Une notice sommaire nous dirait qu'il se singularise par sa très longue carrière – d'une durée de plus de cinq décennies – et un très grand scrupule artistique et personnel. José María de Cossío affirme qu'il a été « le plus spectaculaire parmi les rejoneadores espagnols ».

Ses exploits dans ce domaine sont innombrables: la conquête des trophées de la Maestranza, où il fut le premier rejoneador à couper une queue; les sorties en triomphe par la grande porte à Las Ventas; le record absolu de prestations au cours d'une saison, puisqu'il fit le paseo cent-vingt-six fois lors de la campagne de 1971…

C'est à lui que l'on doit l'innovation de toréer en duo (*por colleras*), après le succès retentissant qu'il obtint en compagnie de son frère Rafael, à l'occasion du festival en hommage à Vicente Pastor. Il est également l'inventeur de la troupe nommée « Les quatre Cavaliers de l'Apothéose », aux côtés de José Manuel Lupi, Álvaro Domecq et Rafael Peralta, avec qui il foula triomphalement la piste des arènes du monde.

Son souci artistique le conduisit à réaliser de nouvelles figures et façons de toréer à cheval. Il les a lui même résumées ainsi: « Je suis le premier à avoir posé les banderilles par le côté gauche ; j'ai aussi, avant tout le monde, su lâcher la bride au cheval, pour alléger son allure dans la phase des banderilles que, le premier également, je me suis risqué à placer à deux mains ; la figure de la rose est une de mes innovations, de même que le geste de planter la lance quand le cheval touche le sol, à la réception d'une lanzada ou corveta (saut en avant de la monture sur ses jambes postérieures) ; mettre les banderilles en inversant la sortie du taureau, avec les bâtonnets tenus derrière le dos ; provoquer la charge en faisant avancer le cheval à genoux ; effectuer la pirouette inverse au galop à la tête du taureau ; forcer le taureau à changer d'appuis en faisant zigzaguer le cheval… »

Grâce à lui, le cheval de race espagnole s'est montré avec succès à Berlin, Londres ou Genève. Il a été éleveur de bétail bravo, de la souche Contreras. Il a collaboré avec le metteur en scène de théâtre Salvador Távora pour le spectacle *Don Juan dans l'arène* et a participé à des corridas à la mode médiévale, à Hita et sur la Plaza Mayor de Madrid. Au cinéma, il est apparu dans les films *La novia de Juan Lucero* (1958) de Santos Alcocer, avec Juanita Reina, et *Cabriola* (1965) de Mel Ferrer, avec Marisol, ce long-métrage étant inspiré du nom de l'un de ses chevaux, Cabriola. Il a imaginé des dispositifs et des techniques de grande utilité pour le rejoneo et l'élevage de bétail bravo.

Autre chose ? Eh bien oui. Depuis sa première jeunesse, sa sensibilité esthétique a cherché aussi des voies dans l'écriture, en prose et vers, qui lui permettent de dire son existence. Ainsi a-t-il fait paraître plusieurs livres : *Cabriolas*, *Caballo torero*, *Cucharero*, *Desde mi caballo*, *Cabriolas de mi mente*… Et voici que le présent volume vient s'ajouter à la liste.

Je me suis souvenu, en le lisant, du paradoxe de Miguel de Unamuno, qui pourrait s'appliquer ici à la perfection : « Ceci n'est pas un livre : ceci est un homme. »

C'est exactement ce que je dirais à propos des pages que le lecteur a entre les mains. Ne cherchez rien d'académique ou d'érudit. Il s'agit, tout simplement, de l'expression directe d'une personnalité très singulière.

Ainsi, les réflexions historiques (comment naît le rejoneo) se combinent à des observations techniques du plus grand intérêt, car issues de son extraordinaire expérience : les allures du cheval torero, les figures du rejoneo, le miracle du temple… Tout cela est entrecroisé de récits et d'anecdotes, mais également d'annotations brèves, qu'il nomme « cabrioles » : un genre littéraire nouveau, très personnel, créé pour synthétiser ses réflexions sur la vie.

Et, à côté de la prose, les poèmes : des sonnets, des dizains, des sévillanes, des ballades… Il les consacre à des héros de la tauromachie, à des lieux, des sentiments, à des moments du combat… Inutile d'ajouter qu'il s'agit d'une poésie de veine populaire, qu'on pourrait très souvent mettre en chansons, qui parle directement aux lecteurs ou auditeurs, sans exclusive, et témoigne d'une philosophie de la vie.

Quels sont les thèmes prédominants dans ces poèmes ? Les thèmes éternels de la poésie, ceux qui, à toutes les époques, naissent du sentiment profond et de l'impérieux besoin de l'exprimer. Écrire, pour Ángel Peralta, c'est « aimer l'inaperçu ».

Avant tout, le thème de la vie, par le truchement d'une métaphore qui renvoie à Antonio Machado, celle de la vie comme chemin.

> « Cette vie est un chemin
> Qui va du néant au néant ;
> À chaque étape, un hasard,
> Chaque personne, une vie ;
> Chaque vie, un chemin. »

Et comme variante, non moins classique, qu'on rencontre déjà chez Jorge Manrique : le chemin de l'eau, la rivière qui va à la mer… Mais la vie est aussi un songe (est-il nécessaire de mentionner Calderón ?), un combat, une illusion. Le poète conclut : « Un miracle, chaque jour. »

L'axe central de cette vie, c'est l'amour, ici entendu comme une force naturelle, imparable, qui s'impose à nous : « Il ne se cherche pas, il éclot comme une fleur au printemps. » Un amour qui se renouvelle chaque jour : « Retrouver de nouveaux amours / En une seule femme. » Et qui donne tout son sens à notre existence : « Qui n'aime pas ne vit pas… Dieu est dans l'amour. » La définition est tranchante : « Amour : cœur de l'âme. »

Ces réflexions poétiques sont le fruit de la passion pour la nature, de la vie partagée avec les hommes de Las Marismas. Il s'agit d'une poésie radicalement rurale, non urbaine.

On peut s'étonner que le cheval espagnol en soit l'un des protagonistes principaux. Ángel Peralta le voit comme un symbole de force, de superbe, de majesté, d'harmonie. Également d'aspiration vitale.

> « Je viens sur un cheval blanc
> À la crinière de soie.
> Il galope sur les chemins
> Et trotte par les sentiers. »

Pour ce « Centaure de Las Marismas » (ainsi que le baptisa l'éleveur Don Antonio Pérez Tabernero), le cheval est l'ami ; il est vaillant, il est loyal, il est sincère, il est guerrier, il est fidèle : « Intrinsèquement, il est un effet de l'art produit par la Nature elle-même. » C'est pourquoi il s'identifie aussi profondément à son cheval : « Nous étions deux en un. » Et il l'utilise, par la voie métaphorique, pour parler du plus intime :

le cheval « de mon esprit », « de mon inquiétude ». La vie comme un sage galop.

« Galopant sans cesse
Dans l'arène de la vie,
Je vais les rênes liées
À la ceinture pour me guider. »

Ángel Peralta écrit toujours à cheval, assis sur sa monture, tandis qu'il respire l'air doux de la campagne andalouse. Rappelons les éléments qui ont servi à composer le titre: *De l'équitation à ciel ouvert.*

Le jeu des variations conduira Peralta, d'autres fois, à parler du « taureau de la vie » ou de « l'équitation de la vie »…

Au bout d'une longue trajectoire, le cavalier continue à rêver: « Vivre, c'est vivre deux vies. » Il s'interroge sur l'au-delà: « Seigneur, en cueillant les fleurs que Tu as semées, nous parviendrons jusqu'à Toi. »

Comme Unamuno – encore une fois –, il aspire à l'immortalité, il veut laisser une trace:

« Je veux mourir à la Puebla
Car là doit être ma fin.
Que mon cheval avance
Bien uni à mon destin
Et qu'il reste du Centaure
Trace profonde sur le chemin. »

La trace restera d'une extraordinaire trajectoire équestre, de cette prose et de ces vers... En les lisant, je me suis souvenu d'un autre grand cavalier et poète, Fernando Villalón :

« La corrida de dimanche
Ne partira pas sans ma jument,
Ma jument la marismeña
Qui pour jambes a des ailes. »

Ángel Peralta aurait pu écrire la même chose.

Andrés Amorós
Professeur de littérature espagnole
de l'université de Madrid

Équitation torera

Je veux, pour commencer, inviter mon lecteur, s'il en a l'occasion, à admirer les gouaches de José Manuel Capuletti, qui possède le talent de saisir l'esprit du cheval et de lui donner mouvement sur le papier. Son pinceau, capable d'immortaliser jusqu'au tréfonds des êtres et des choses, saisit ce moment fugace, qui donne sa beauté au mouvement du cheval, et en rend témoignage : la noblesse du paseíllo, la maîtrise de la lance, la concentration du *piaffer* *,

* Les mots en italique suivis d'un astérisque sont en français dans le texte (NdT).

l'impulsion du trot espagnol, l'engagement des banderilles, la plasticité de la pesade, la concentration du caracoleo, la flexibilité de l'esquive, l'élégance du pas espagnol, la prestance de la rose, le tempo mesuré du V, l'énergie de l'assaut, la précision du changement de pied, l'élasticité du coup de lance et la cadence du *passage* *.

Je vais traiter de deux facettes de la tauromachie : l'une, celle du toreo à cheval, et l'autre, le toreo à pied.

Le toreo à cheval est aussi le fruit d'un rêve ; quand je décidai de m'essayer à cet art, un vacher me raconta une légende de Las Marismas qui en rapportait l'origine.

Un veau et un poulain – me dit-il – étaient nés dans le même enclos et avaient grandi ensemble. Dès les premiers jours, tous deux prirent goût à folâtrer, pour réchauffer leurs muscles offerts au givre de la nuit. Mais quand le soleil commença à faire sentir ses rayons sur leur peau, quand les champs refleurirent, ils se trouvèrent comme dans un paradis et furent pris d'une curiosité nouvelle : celle de mesurer leurs forces.

Le poulain et le veau voulaient savoir à qui revenait le droit de franchir en premier les portes des enclos ; à qui revenait la préséance devant la mangeoire ; à qui la priorité pour boire l'eau des ruisseaux ; qui, à la fin, dominerait la plaine, comme capitaine à la tête de la manade.

Le poulain cabriole dans l'air et lance des ruades au vent. Le veau aiguise ses cornes en chargeant les buissons. Tout ça paraît un jeu d'enfants, mais ces duels valent ceux des grands.

PRINTEMPS

La poitrine du pâturage,
Verte de ses herbages,
Se soulève de surprise.
Il se lamente et geint :
Ma peau, jardin de ta table,
Ne va pas la blesser de tes bonds.
Cheval, rentre au petit trot
Par l'étroit layon
Que le doigt de la perche
Devant toi a pointé.

Le veau se trouve front à front avec le poulain, qui essaie de le mordre. La petite tache de cuir sauvage ouvre des trouées parmi les fleurs, tandis qu'elle poursuit cette crinière qui galope, et cette queue qu'elle rêve de peigner un jour de la pointe de ses cornes, cette queue qui lui évente le regard. Le veau confond l'image et la distance, il se sent berné. Il nourrit ses muscles de sa bravoure. Ils sont arrivés devant la source d'où coule l'eau qui caresse le bord du pré. Le poulain franchit le ruisseau d'un bond. Le veau, moins agile, le traverse au trot, et ses pattes restent prises dans la fange.

La nature équilibre les êtres entre eux, elle dote chacun de ses qualités propres, elle les arme pour qu'ils puissent croître et se reproduire. Car la seule qui ait le droit de détruire est celle qui donne le droit de naître. Au taureau elle offre la force, l'agilité au cheval.

La bravoure se sentit humiliée et le vent, mêlé à la crinière du cheval dans ses courses véloces, lança le cri de victoire.

Le silence prodiguait des mots de tranquillité, cependant que les deux amis grandissaient.

Le mystère de la nuit, endormie sur la plaine, gardait le secret du retour au combat. Le ciel, plus bleu chaque jour, laissait tomber les rayons du soleil sur l'herbe, comme des traits d'or. Les mouches agaçaient les veaux en voletant devant leurs paupières, en se glissant entre leurs sabots. Le cheval fait une volte de printemps et le veau entend ses hennissements comme une nouvelle provocation. Il court après lui. L'autre le regarde. Ils étaient loin du ruisseau. Comme il tourne la tête, il trébuche et le veau touche son flanc. L'impression d'approcher la mort réveille en lui un nouvel instinct de défense, il lance deux ruades au veau, qui reste vaincu, figé comme une petite île sur la mer verte, dans les vagues du trèfle et l'écume des fleurs sauvages.

Les ailes du vent dispersaient les parfums de l'aurore, le jour nouveau dessinait les montagnes au fond du paysage, et le poulain y était comme un roi. Ils recommencèrent à cheminer ensemble pendant un moment, tranquilles, apparemment tranquilles, comme de bons amis.

Le courage est le signe du pouvoir. Le veau, devenu maintenant un taurillon, ne l'oublia pas.

Le taureau mugissait, provocateur, au bord de la rivière. Ses cornes se dessinaient sur l'eau. Le cheval, son col de cygne désormais grandi, les vit, comme les pointes d'un mince croissant de lune aiguisées en lances. Son galop sur l'eau, tel un défi lancé à son compagnon d'enclos, formait une petite houle, qui mit en mouvement l'esquisse de la tête du taureau reflétée dans l'eau… Le cheval ne ressentit pas le besoin de lutter davantage, il éprouva du respect, peut-être de la peur, et, depuis ce jour-là, ce fut le taureau, fier en sa puissance, qui franchit les portes le premier, lui qui détint la préséance du chef à la mangeoire.

Le taureau avait oublié qu'il ne suffit pas de vaincre ceux qui appartiennent à d'autres races, il faut aussi emporter dans la lutte l'adhésion de ses frères de troupeau. Et ceux-là, non moins habités par la bravoure, baissaient la tête, tordaient le cou, regardaient en biais, puis, dans un mugissement, pointaient les cornes, pour chercher la bagarre.

L'horizon diffusait des embruns. Les variations atmosphériques influent sur l'agressivité du taureau, qui les pressent avant qu'elles ne se produisent. Il lançait des coups de cornes désespérés au vent, comme si sa vie était en train de s'achever.

Ce jour-là, ils aspergèrent l'enclos de bravoure, de violence et de sang. Le combat dura jusqu'à ce que l'un d'entre eux parvint enfin à se faire reconnaître comme le plus puissant de la manade. Le taureau détrôné se réveilla honteux au milieu des roseaux du matin. Sa force était vaincue, on l'avait dépossédé de son pouvoir, mais jamais de son orgueil et de son courage. Son regard tendu vers le ciel cherchait à défier même le vol des oies. Il voulait attaquer le vacher qui lui apportait la pitance et, chaque jour, il tendait ses cornes dans les directions vers où courait le cheval.

Le vacher essaya de l'entraîner du côté des mangeoires de pierre, mais quelque chose dans ses yeux l'inquiétait. L'homme ressentit également du respect pour l'agressivité du taureau mais, au milieu de sa peur, il vit le cheval qui s'enfuyait comme une ombre dans la nuit déjà tombée. Le vacher enferma la scène dans ses songes : TOUS DEUX UNIS, NOUS VAINCRONS LES ASSAUTS DU TAUREAU. Et ainsi :

NAISSANCE DU REJONEO

C'est lors des fêtes courtoises,
Que naquit le toreo à cheval.
Fut-ce en avril ? Ou fut-ce en mai ?
Ce fut lors d'une de ces soirées lointaines
Ou par l'un de ces doux matins
Quand, en compétition par centaines,
Entre les lances et les javelots,
Des cavaliers de noblesse
Avec acharnement combattaient
Pour devenir maîtres des cœurs.

SEVILLANA... CHEVAL, CHEVAL ET TAUREAU

Le rejoneo naquit un jour
Où un vacher rêvait,
Et dans l'arène de son rêve,

Sous la lune il galopait.
Le galop était comme le vent,
De l'éclair il fit une lance.
Le mugissement était le tonnerre,
La banderille une fleur.

Cheval, cheval et taureau,
Dans un hennissement d'amour,
Ils galopent par les Marismas
Vers la tombée du jour.

À l'époque médiévale, les cavaliers de la noblesse espagnole furent les premiers à combattre les taureaux à la lance, lors des fêtes de cour et, en particulier, pour les grandes célébrations royales.

Au XIIIe siècle déjà, les *Partidas* d'Alfonso X « Le Sage » réglementaient la façon d'affronter les taureaux.

Ces compétitions brillantes entre cavaliers face au taureau étaient dédiées aux dames qui présidaient les spectacles.

Les chevaux étaient parés de harnachements richement ornés, le corps parfois en partie couvert de luxueux caparaçons.

Les cavaliers portaient des chausses, des pourpoints et des capes. Ils utilisaient des étriers si longs qu'ils semblaient s'y tenir debout.

Ces fêtes connurent leur apogée au cours du XVIIe siècle.

Au XVIIe, le toreo à pied commence à prendre de l'importance et, tandis que l'intérêt pour le combat à la lance disparaît progressivement, les campagnes d'Andalousie voient apparaître la pratique de ces exercices cavaliers dits de « acoso y derribo » qui permettent d'éprouver les qualités des taureaux et d'en faire la sélection pour l'arène.

Les bêtes pour les corridas sont conduites jusqu'aux villes par les chemins ruraux ; les cavaliers et les chevaux vivent ainsi en contact permanent avec le taureau.

C'est au début du XXe siècle que se produit le renouveau du toreo à cheval, lequel résulte d'une fusion entre la tradition de la lance, l'interprétation de la tauromachie à pied et le travail pastoral.

Ce cavalier, nourri des racines anciennes mais alimenté d'une sève nouvelle, est désormais appelé « rejoneador ». Il revient devant le public avec ses chevaux dressés à la mode vaquera et dans une tenue vestimentaire inspirée de celle des cavaliers andalous.

Le vacher doit utiliser le cheval d'une façon particulière et, pour s'adapter aux manœuvres avec le bétail, pour faire face aux duretés du climat, il lui a fallu créer un style de monte et concevoir un équipement approprié à son travail.

Le soleil, qui plombe ses pâturages et écrase ses marais, donne forme au chapeau cordobés : coiffe haute pour isoler des rayons, larges bords pour protéger de la lumière et jugulaire sur le menton afin que la parole soit ajustée à la pensée.

Le travail à cheval justifie la coupe de son costume toujours taillé près du corps, avec la veste courte pour donner de l'aisance au cavalier.

Le pantalon, haut de taille, se serre très au-dessus de la ceinture, tandis que le bas en est roulé, pour permettre le contact des bottes avec le cheval.

Les intempéries et les ramures des bois l'obligent à porter des jambières de cuir.

Dans le silence assoupi de leurs chaumières, les vachers les brodent en croisant les arabesques filigranes.

Les fers à cheval sont fixés par une « semaine » de clous, et, à raison d'un clou et demi d'usure par jour, on les change toutes les six semaines. C'est pourquoi on dit que les vachers ont un calendrier sous le fer de leurs chevaux et qu'ils y cherchent le signe d'une aubaine pour chaque jour de la semaine.

Les harnais portent un arçon en forme de coquille pour servir d'appui sûr au corps du cavalier qui travaille à jeter le taureau à terre.

Les coussinets de selle sont larges parce que les chemins sont longs. Les broussailles des marais imposent les étriers triangulaires. Et les nuits sans étoiles rendent indispensables les couvertures du bivouac.

Le chasse-mouche qui pend au frontal évite que les insectes ne perturbent la vision du cheval.

On coupe les queues des chevaux à longueur d'un empan et quatre doigts à cause de la boue.

Avec l'huile d'olive typique de la table de leurs repas, les cavaliers andalous lubrifient les pièces métalliques du harnachement, les étriers et les mors.

La peinture noir mat dont ils les enduisent est comme une touche de sérieux qui s'harmonise avec leur peau tannée par le vent, l'eau et le soleil.

Le cavalier se campe à califourchon sur sa monture, sa pensée à la verticale de l'étoile de ses éperons, cherchant l'équilibre qui laissera la liberté aux mouvements du cheval.

Le regard dans le lointain, la poitrine bombée, le corps tendu sur sa taille cambrée, il épouse le mouvement, pour éviter les secousses.

Les rênes sont tenues dans la main gauche, séparées par l'auriculaire, à deux doigts du pommeau de la selle.

La longueur des étriers se mesure de façon à ce que le cavalier soit suspendu sur le siège et puisse s'élever au moindre appui sur eux.

Le poignet tourne et contrôle le guide. La main est fixe. C'est en elle que meurt le mouvement et que vit le toucher du cavalier, et c'est ainsi qu'il ne cesse de sentir le cheval.

Le cheval s'abandonne au cavalier doux, quand il sait que celui-ci peut être fort.

Le cheval, tout comme l'homme, est dressé par le temps. C'est pourquoi la vie à cheval se fait courte, dans la quête d'une expérience longue.

L'expérience :
Ce sont les sarments
Des années mûres,
À pas lents
Et d'une marche sûre.

Sur les allures du cheval torero

Dans les prés, les toros bravos vivent séparés des femelles. Par les nuits tièdes, le rut les réveille. Ils sautent les clôtures pour aller dans les enclos des vaches et, lorsque la lumière du matin les découvre, ils renâclent à rentrer.

Les vachers andalous conçurent leur style à partir de la recherche du mouvement qui leur faciliterait le travail avec le bétail de leurs élevages. C'est ainsi que les allures suivantes sont apparues :

Le pas castillan. Les cavaliers, qui doivent parcourir de grandes distances dans les enclos pour surveiller le bétail, utilisent cette allure, longue et posée, que le cheval supporte sans fatigue. Les sabots postérieurs doivent venir se placer dans les traces laissées par les antérieurs, et même un peu en avant, le mouvement étant ajusté au rythme du balancement des chasse-mouches. Cette allure, inspirée de la foulée des poulains, est commode pour le cavalier.

Le trot. Il est employé fréquemment pour le débourrage. Il a d'ailleurs un effet calmant, dans la mesure où il permet de distribuer la fougue dans chaque extrémité.

Le galop. Quand, dans l'élevage, on travaille au tri des bêtes, le mayoral choisit l'une d'elles qu'il poursuit à cheval jusqu'à ce qu'elle soit sortie de sa *querencia*, c'est-à-dire hors de son terrain de prédilection. Dans de telles occasions, on apprécie la suavité du galop court, qui garde le cheval réuni, presque en liberté. L'allure peut être allongée, mais toujours très contrôlée, sans se décomposer.

La parada. Lorsque le taureau est déplacé en dehors du confort de son enclos habituel, quand le souvenir de sa querencia le travaille, puisqu'il ignore tout du nouvel endroit où on le conduit, il tente sans cesse de s'échapper hors des directions que le vacher veut lui imposer. Celui-ci doit donc arrêter fréquemment son cheval, faire prestement porter le poids sur les postérieurs et glisser sur les sabots, qui marquent deux sillons dans la terre. Le centre de gravité est ainsi placé dans une ligne presque perpendiculaire aux sabots. Les pieds antérieurs restent en l'air, pour pouvoir repartir au galop, si on le souhaite. Il s'agira donc d'une *media parada*, si on se remet en mouvement avant d'avoir totalement réalisé l'arrêt.

La demi-pirouette. Très nécessaire dans les manœuvres du bétail dans l'élevage. Les vachers y recherchent une note d'art équestre dans la lenteur de son exécution. De même que, dans les pirouettes plus rapides, ils veilleront à ce que jamais le cheval ne se désunisse.

Le pas arrière. Si le taureau se retranche dans les broussailles du lit de la rivière ou le maquis de la colline, le cheval ne peut pas avancer face à lui, car il manquerait de place et de temps pour tourner. Il le provoque donc en pas arrière, très chargé sur les postérieurs, sa marche réglée et dirigée par les rênes du cavalier. Lequel veillera à garder la réunion constante et vive, afin de pouvoir repartir au galop dès que le taureau charge et que le mouvement devient assaut.

L'assaut. L'épreuve de bravoure, qu'on appelle « tentadero », venait de s'achever, mais l'instinct sauvage continuait de chercher la bagarre dans l'eau. Au moment de traverser le Brazo del Travieso, le novillo se souvint du défi que les lanciers lui avaient lancé et il se planta au milieu de la petite rivière, là où les chevaux avaient moins de défense pour se battre contre lui. Installé sur le balcon réservé aux éleveurs, le regretté José Manuel Capuletti, ce peintre génial, put apprécier la façon dont le cavalier résolvait la difficulté : son cheval conduit en arrière, les postérieurs en alerte, pour aller chercher le taureau, appeler sa charge et, finalement, provoquer l'assaut, dans lequel sa monture employa toute sa force. C'est au moment de l'impulsion que l'obéissance et la soumission s'harmonisent avec la beauté de ses membres réunis et de sa position près du sol. Ses muscles en tension offrent sa volonté aux rênes du cavalier.

Le paseíllo. Pour le paseíllo, on utilise fréquemment des chevaux espagnols, en raison de leur arrogance et de leur beauté…

Lirón, cheval espagnol cartujano, ouvre le paseíllo, en allure de *passage**, dans la Plaza de Toros de la Real Maestranza de Caballería de Séville, dans la piste de sable ocre qui, unie au rouge des barrières, symbolise la Corrida et de l'Espagne. Les arcs de ses colonnes forment comme un dais, sous lequel on conserve l'art des faenas qui y ont été réalisées. Là, Lirón obtient du président de la course l'autorisation pour que ses congénères puissent jouer avec le taureau, sous les ordres du rejoneador.

Dans sa morphologie habituelle, le cheval torero espagnol mesure entre 1,54 et 1,63 mètre. La tête est rectangulaire, plutôt émaciée, le profil droit et convexe, le cou arqué, les naseaux sont dilatés, les yeux grands et expressifs. Sa crinière et sa queue, aux crins brillants et ondulés, sont épais. Il a le garrot marqué, la poitrine large, le dos droit, l'échine courte et les flancs pleins. Sa queue prend naissance sous la croupe ronde et ses paturons sont obliques.

La couleur dominante de sa robe est le gris pommelé, mais le bai, le noir, l'alezan, l'isabelle se rencontrent aussi…

Ces chevaux marchent réunis, par mouvements décidés, énergiques et élevés. Ils sont suaves de bouche et se laissent mener par les rênes du cavalier.

Pour les différencier des corridas à pied, j'ai distingué les corridas dans lesquelles interviennent seulement des rejoneadores par ce nom : CORRIDAS DE L'ART DU REJONEO.

Les taureaux arrivent de l'élevage aux Arènes quelques jours avant d'être combattus, afin qu'ils puissent être examinés. Le jour de la corrida, à midi, quand le soleil éclaire tous les recoins, on procède au tirage au sort, en présence des Autorités.

Après avoir contrôlé l'état sanitaire des taureaux et vérifié qu'ils atteignent le poids minimum requis (460 kilos dans les arènes de première catégorie), il est d'usage d'inscrire le numéro de chaque animal du lot sur autant de feuilles de papier à cigarette, lesquelles sont ensuite roulées en boule et placées dans le fond du chapeau du mayoral. À tour de rôle par rang d'ancienneté, un membre de chaque cuadrilla tire un de ces numéros au sort, et les taureaux sont enfermés dans les stalles du toril, selon l'ordre que le hasard aura désigné (les matadors, quant à eux, choisissent lequel des animaux de leur lot sortira en premier).

Le sobrero est un septième taureau mis en réserve pour le cas où l'un de ses congénères serait renvoyé au toril par un ordre que la Présidence exprime en sortant un mouchoir vert. Le sobrero attend ainsi, chaque jour, de pouvoir sortir dans l'arène, y démontrer sa bravoure.

Après avoir été inspectées par les Autorités, les caisses de rejónes et de banderilles sont scellées. Elles ne seront ouvertes qu'au commencement du spectacle.

À l'heure pile où la corrida est annoncée, les rejoneadores font le paseíllo.

Dans le toreo, c'est la date de la première prestation en public qui donne l'ordre d'ancienneté, puis celle de la présentation aux

Arènes de Madrid. Celui qui va se produire en premier se place sur le côté gauche, le deuxième à droite, le troisième à la droite du premier et le quatrième à la gauche du deuxième. Et ainsi de suite.

Après avoir salué la présidence et le public, une brève exhibition des chevaux est offerte, avant que le mouchoir blanc et l'appel des trompettes n'annoncent la sortie du taureau.

C'est cette même sonnerie qui marque les trois temps de la lidia : le tiers des rejones de châtiment, le tiers des banderilles et enfin le tiers des rejones de mort. Si le taureau n'est pas tué dans le temps réglementaire, c'est encore la trompette qui annonce son renvoi au toril.

Au début de la lidia, le rejoneador peut placer trois rejones au maximum, afin de centrer la charge et de fixer le taureau.

Pour la phase des banderilles, on autorise trois ou quatre passages. La pose des banderilles courtes ou de la rose compte pour une seule fois, même si on y recourt à plusieurs reprises. Pour finir, on dispose de cinq minutes pour placer les rejones de mort.

Les qualités des faenas sont primées par les trophées que constituent les oreilles et la queue. Le public les réclame à la Présidence en agitant des mouchoirs.

Les rejones ont une longueur de 1,60 mètre. Les banderilles mesurent 80 centimètres au maximum, 35 centimètres pour les courtes, et les roses ne dépassent pas les 20 centimètres.

Quand il obtient au moins deux trophées dans un même spectacle, le rejoneador peut sortir EN TRIOMPHE DES ARÈNES. À la REAL MAESTRANZA DE SÉVILLE, un minimum de trois trophées est exigé pour ça.

Alors, comment n'entrerait-il pas au plus profond des sentiments de son rejoneador, comment ne ferait-il pas partie de sa vie, le cheval qui lui donne la gloire, qui le tient à l'abri des périls en le portant sur son dos ?

Mon cheval Favorito
Un jour m'a vu pleurer.
Je lui fis tant de peine
Qu'il s'est mis à hennir,
Et ses larmes roulaient.

Les chevaux qui ont à affronter le taureau doivent être très réguliers dans la pratique de ces allures. La moindre erreur les priverait du réflexe nécessaire face au danger.

La combinaison de l'École vachère andalouse et de la Haute École présente l'avantage de pouvoir dissocier l'une de l'autre indistinctement en présence du taureau.

L'une est violente et énergique, ainsi conçue et créée par les nécessités du jeu contre les charges inopinées du taureau. L'autre est parcimonieuse, rythmique et géométrique dans ses mouvements.

L'une requiert la concentration de la force à disposition des réflexes du cheval, pour qu'il puisse réagir rapidement et toréer lentement, en collaboration et en synchronisme avec le cavalier.

L'autre demande la concentration de l'interprétation, elle nécessite d'entendre les ordres, d'équilibrer, de répartir également les mouvements par lesquels se décompose l'allure en train de se réaliser.

Tout cela signifie savoir passer du calme à l'excitation, puis revenir à la tranquillité, s'en imprégner, mais en restant toujours en alerte, prêt à la réaction qui surpasse la violence du taureau.

GALOP. Au fond, on voit la Plaza de Ronda, soutenue par les colonnes, qui sont comme les sentinelles d'une arène parmi les plus anciennes – datant de 1785 – du monde du toreo. La figure est justement représentative du style « rondeño », avec la passe appuyée devant la charge du taureau, le corps penché comme à un balcon vertigineux.

Voilà comment toréait Mejicana, la reine des juments, la jument de la rose, feminine, délicate et vaillante comme un étalon.

Elle pouvait intervenir à n'importe quelle phase de la lidia, elle connaissait tous les terrains et tous les styles. Sur le dessin, elle court tête au taureau, ce qui n'est pas la même chose que courir devant le taureau. Si on compare à ce qui se fait dans le toreo à pied, la figure consiste à fixer le taureau.

Quand le taureau sort en piste, il a une expression de surprise. Il ne sait pas si on vient de lui ouvrir une porte sur les prés ou si ce rond de sable jaune est cette lune dont il regardait le reflet dans l'eau.

Il voit le manche de la lance et il se souvient de ce jour où, dans l'enclos, il fut soumis à l'épreuve de la bravoure, cette bravoure dont il a hérité par sa lignée. Il charge avec force, la jument freine, il coupe sa charge, il la suit. La lance, qui était tenue de la main droite, passe dans la gauche, en un ornement, au-dessus du chapeau. La jument serre le taureau, le galop s'accouple à la charge et le taureau se met au rythme de la jument. Et c'est ainsi qu'il fut fixé. Fixe l'idée de la lutte. Fixe sur le cavalier qui le défie. Première partie du combat dans le toreo : FIXER LE TAUREAU.

Le cheval de rejoneo fait mouvoir ses ailes dans le galop, ses jambes deviennent des éventails de galop et ses appels forcent la chance au galop.

Le galop est l'allure la plus utile dans le rejoneo, car on peut, outre d'aller en avant ou en arrière, revenir en place, faire des pirouettes, avancer à deux pistes, sans que le vol de la cape figurée par le corps ne change le rythme de ses pas.

Dans les galops courts, le cheval marque quatre temps ; dans les galops normaux, trois ; et il revient à quatre dans les galops longs.

Le galop commence par l'impulsion d'un postérieur, il prend le cheval comme un rebond sur le sol dans la diagonale contraire, il suit le mouvement et l'impulse à nouveau. Le pied qui va devant marque le troisième temps quand le cheval passe sur lui.

Le cheval doit galoper avec les extrémités au devant du côté vers lequel il va tourner, qui est celui par lequel la passe se réalise. L'équilibre se cherche en ramassant le poids à chaque foulée.

S'il porte en avant les extrémités du côté opposé, il est « à faux » (*cambiado*), et quand elles s'avancent diagonalement, la moitié galopant d'un côté et l'autre moitié de l'autre, il est « désuni » (*trocado*).

Les rencontres tentées sans que le cheval soit soumis, sans qu'il soit situé à la bonne place, dans le sitio devant la tête du taureau, ou sans que le rejoneador ne parvienne à l'accoupler à la charge, sont considérées comme INCONTRÔLÉES.

Si les rencontres s'effectuent avec des entrées et des sorties à grande vitesse, sans considérer les terrains ni couper les charges, elles sont qualifiées de VÉLOCES.

Quand le taureau est fixe, obnubilé par sa charge, que le cheval attend de pied ferme, en toute confiance, l'un avance, l'autre mesure ; l'un s'illusionne, l'autre s'abandonne ; l'un se conforte, l'autre esquive ; l'un se sent freiné, l'autre reste tout près, à attendre. La charge est alors dite « RYTHMÉE » (*TEMPLADA*), car le galop a été rythmé, tout en donnant le rythme.

Le rythme, le temple, est la base du toreo, et l'engagement de Mejicana, la jument du dessin, permet qu'il transparaisse dans le jeu de la lance, que le cavalier manie avec doigté.

Le sitio est, dans le toreo, le point idéal où le moral peut s'épanouir. C'est le terrain qu'on foule à proximité du taureau et depuis lequel on doit dominer la charge.

Le « V »

La force de la bravoure qui pousse le taureau dans ses charges, rythmées et canalisées par le galop ordonné, posé et équilibré, voilà ce qui fait l'art de ce qu'on appelle « toréer à cheval ».

Pour réussir le combat du taureau, il faut que celui-ci reste toréé en permanence. Plus le taureau est proche du cheval, en même temps qu'il s'en croit éloigné, et mieux il est toréé.

La bravoure se mesure et s'accouple aux mouvements du cheval, quand l'attraction invisible que ce dernier exerce sur le taureau se maintient dans la situation nécessaire où, sans se laisser attraper, il lui laisse l'illusion qu'il pourrait le détruire avec ses cornes.

Quand l'harmonie du toreo est assurée par le cavalier, que le taureau reste dans l'intention continuelle d'atteindre l'objectif, en même temps qu'il craint de perdre la distance s'il recule pour taper de la tête, alors apparaît la magie d'où le temple peut jaillir.

Le toreo à cheval est fait d'une combinaison de tous les mouvements et passes destinés à fixer la charge du taureau, à la contrôler, la diriger et la dominer.

La focalisation sur le cheval, qui stimule la bravoure du taureau, sert à donner un effet visuel à son inertie, du fait qu'elle le pousse à aller vers l'endroit où était l'image, où il croyait la trouver, mais qui s'est déplacée quand il était sur le point de l'atteindre. Le taureau reste engagé dans sa charge, et voici à nouveau le toreo et le temple : tandis que le taureau ajuste ses virages, le taureau lui marque de nouvelles trajectoires.

Lorsque le taureau et le cheval courent dans la même direction, le premier presque collé à la croupe du second et chacun penché du côté opposé à l'autre, ils forment, l'espace d'un instant, le « V » qu'on voit sur le dessin du cheval *Carablanca.*

Dans le toreo à cheval, le temple retient le taureau en même temps qu'il le pousse et l'enveloppe. Sa volonté est ainsi rendue à la main du cavalier.

Le cheval doit, lui aussi, être toujours tenu à la juste main. S'il se sent en avant ou en arrière, si on anticipe ou retarde le mouvement, on ne peut pas disposer de sa réaction à la fraction de seconde nécessaire pour le toreo, cet art où il faut agir vite pour toréer lentement, avec temple.

Dans le rejoneo, le cheval doit être parfaitement uni à son cavalier et savoir s'équilibrer face aux réactions violentes, inattendues et si différentes selon les taureaux.

Suivant les terrains du taureau et la position du cheval, la trajectoire se trouve sur la ligne diamétrale, quand les deux adversaires se tiennent sur le diamètre ou le rayon.

On considère qu'on torée « par l'intérieur » quand, lors de la rencontre, le cheval est plus proche que le taureau de la barrière. Et « par l'extérieur » si c'est l'inverse.

Chez les taureaux, il faut savoir distinguer les apparences, faire la différence entre la bravoure et l'âpreté, entre un comportement fuyant et une attitude défensive, entre la réserve et la couardise, entre la brusquerie de la noblesse et la distraction du rêveur…

Banderilles

Le combat, ou lidia, à cheval d'un taureau se divise en trois tiers.

La phase des rejones, pour fixer le taureau et modeler la brusquerie de ses charges.

La phase des banderilles, au cours de laquelle le rejoneo atteint toute sa splendeur. Le taureau est désormais préparé pour la lidia et le rejoneador peut démontrer ses qualités et les possibilités les plus brillantes de ses chevaux.

La phase des banderilles offre tout un éventail, depuis les banderilles longues jusqu'à la rose.

On place au taureau des côtés droit ou gauche, selon l'allure qu'on mène. Si on pose les banderilles du côté inverse, en les passant par-dessus le cou du cheval, la figure est appelée « AU VIOLON » (*AL VIOLÍN*).

Si le cavalier pose les deux banderilles en même temps, l'une normalement et l'autre tenue dans la main opposée, c'est-à-dire au violon, l'action se nomme « BANDERILLER À DEUX MAINS » (*BANDERILLAR A DOS MANOS*).

Normalement, on banderille à deux mains du côté droit, parce que le cheval et le cavalier y trouvent plus de facilité, mais rien n'empêche de le faire du côté gauche.

Les chevaux capables de banderiller des deux côtés font preuve d'un meilleur engagement, puisqu'ils perdent cette préférence d'aller latéralement, comme il est de coutume. Ils doivent vaincre cette inquiétude produite par la confusion légitime, puisque, lorsque le taureau arrive, ils ignorent le côté de sortie.

Pour banderiller à deux mains, on peut lâcher les rênes, les attacher à la ceinture ou se passer de bride en s'aidant seulement d'une jambe, qui guide le cheval vers le côté naturel ou le contraire, qui le stimule. Les deux jambes vers l'avant permettent de le freiner.

J'ai eu l'idée, pour banderiller à deux mains, d'attacher les rênes à ma ceinture, avec une tension graduée en fonction du cheval, afin de ne pas perdre le contact avec la bouche et le garder uni, qui donne la beauté à ses mouvements.

Indépendamment de toutes les règles du rejoneo qu'on doit appliquer à cette suerte, il importe de définir si l'on va banderiller « à la chasse » (*a la caza*, c'est-à-dire en attendant avec une banderille dans chaque main, les deux situées du même côté du cheval, du côté où on va poser les banderilles.

La façon correcte de procéder est de les tenir de part et d'autre du cheval, comme s'il s'agissait d'une paire d'ailes qu'on élève au moment d'initier la rencontre avec le taureau, qui restent un instant en l'air et se plantent verticalement sur le *morrillo.*

Pour terminer, la phase du rejón est celle qui marque la fin des faenas. Mais le bon placement de la lame et la rapidité de son effet revêtent la toute première importance.

Le rejoneo est le jeu de deux volontés, et non de trois. Celle du centaure et celle du taureau.

L'homme unit sa volonté à celle du cheval, non pas pour aller contre le taureau, mais pour découvrir, dans un jeu de vie et de mort, la noblesse que sa bravoure contient.

Le cheval, s'il parvient à comprendre, à prendre confiance dans le fait que le cavalier ne le conduit pas vers le danger mais, au contraire, qu'il l'aide à en sortir, cherche de la tête à se mettre dans le cou du taureau, en jouant des oreilles comme dans un défi de joie triomphante, et il permet au rejoneador d'exécuter la suerte de face. Quand le taureau coupe sa trajectoire, il le laisse venir à l'étrier et, si le cheval n'entre pas dans son terrain, il le cavalier ne peut guère faire mieux que de planter à la croupe, ce qui indique que le moment opportun est passé.

Le toro bravo lui aussi est applaudi et récompensé. On lui fait faire un tour d'honneur de la piste en forme d'hommage. La noblesse est l'orgueil de sa race, c'est ce qu'il laisse en héritage à sa famille.

Les figures du rejoneo ont plusieurs variantes. On aborde chacune d'elles par des chemins différents et elles produisent des effets divers sur la charge du taureau.

Dans le cuarteo, la charge est décomposée. Dans le sesgo, on prend la charge en diagonale. De poder a poder, on soutient la charge. Dans le quiebro, on brise la charge. Et dans le caracoleo, on enroule la charge.

Dans le cuarteo, le cheval cherche la rencontre. Il mesure la charge et s'en libère par un écart de côté sur la corne de sortie.

Dans leur trajectoire, cheval et taureau convertissent la ligne droite, qui les réunissait, en un angle droit, dans un déplacement latéral dont on peut voir la trace sur le sable. Plus cet angle est ouvert, moins le succès sera manifeste.

On torée al sesgo lorsque le taureau est près des barrières. Le cheval galope le long de la ligne courbe des planches et s'en dégage à la rencontre, en coupant la charge.

Si le taureau est en position défensive contre la barrière et que l'on parvient à l'en décoller en prenant une trajectoire de biais, ou si la situation le permet, le cheval doit tourner sur lui-même et conclure la passe en coupant par l'intérieur, entre les planches et le taureau. C'est la seule circonstance où il est méritoire de procéder de cette façon. Pour moi, cette manière de conclure la suerte est fondamentale dans le toreo al sesgo.

De poder a poder est une figure de puissance. Il s'agit de voir qui, du taureau dans sa charge ou du cheval dans ses recours, aura le dessus. C'est pourquoi il faut aller de face, en soutenant la charge le plus loin possible avant de sortir du berceau des cornes. C'est ainsi qu'on démontre le maximum de puissance et de réflexes.

Comme dans toutes les variantes des suertes, il faut se dégager de la charge sans décomposer le mouvement, en restant sur le taureau jusqu'à la terminaison de la passe.

Dans le cambio, le cheval va sur la corne contraire et, quand le taureau se persuade qu'il pourra conclure sa charge de ce côté, le cheval coupe la ligne frontière des cornes, juste au point de la rencontre, pour réaliser la suerte dans le tout petit laps de temps dont le taureau a besoin pour modifier sa charge.

Le quiebro s'exécute de plusieurs façons différentes. Dans l'une d'elles, le cheval galope court, face au taureau. Celui-ci s'élance, cherchant à atteindre le poitrail, lequel, justement, va faire office de leurre, grâce à une feinte du tiers avant du cheval vers le côté contraire à la sortie. Le taureau suit le mouvement, le cheval redresse énergiquement sa course vers le côté initial et la charge est coupée, l'élan brisé. On peut aussi faire marcher le cheval en arrière, afin de placer le taureau à la distance nécessaire pour avoir le temps d'exécuter le quiebro.

Une autre variante consiste à tenir le cheval arrêté face au taureau. Très appuyé sur les antérieurs, qui servent d'axe, il se déplacera vers le côté de sortie, quand le taureau parviendra à la juste distance pour rectifier la charge. Le cheval vire rapidement sur le côté contraire, inversant ainsi la charge du taureau et la coupant.

Le quiebro se justifie comme un ornement de la faena, ou il exécute une suerte qui met en évidence la situation de rencontre avec le taureau, mais toujours en accord avec les normes du bien-toréer.

La forme la plus achevée se présente lorsqu'un cheval est capable de réussir le quiebro par les deux côtés. Il faut, pour ça, avoir une grande fermeté dans la tenue des rênes, afin de ne pas avoir à subir les conséquences d'une quelconque confusion. C'est ainsi que faisait mon cheval Jabato, qui réalisait les quiebros indifféremment des deux côtés. Ces quiebros peuvent également être exécutés en pas arrière, en laissant venir le taureau.

La rose

La suerte de la rose est porteuse d'une légende, dont je parlerai dans un autre passage de ce livre, sous le titre de « Rose Torera ».

J'ai réalisé cette suerte, pour la toute première fois, en 1956, avec mon cheval Ingenioso. Mejicana savait poser la rose al quiebro, mais elle était également capable de le faire de toutes les autres façons dont j'ai parlé plus haut.

Cette jument d'origine mexicaine, comme son nom l'indique, a commencé à toréer à l'âge de six ans, et sa carrière s'est déroulée de 1957 à 1967. Elle a pris part à 500 corridas car, lors de son ultime accident, je lui avais promis qu'elle pourrait jouir de la retraite une fois ce nombre atteint. Elle est intervenue dans le combat de 529 taureaux. Avec elle, j'ai placé 796 rejónes, 62 banderilles, 203 paires de banderilles à deux mains, 25 banderilles courtes, 28 paires de banderilles courtes à deux mains. Elle a parcouru environ 570 000 kilomètres dans des voyages à travers l'Espagne, le Portugal, la France, le Mexique et le Vénézuéla.

Mejicana a vécu ses dernières années en liberté dans les prés. Le temps a fait son œuvre, bien sûr, mais jusqu'à ses derniers jours, à vingt-cinq printemps, elle continua de se sentir comme une petite pouliche, vivant au milieu des taureaux qui grandissaient là et la respectaient…

Le centre de la piste est le lieu où le taureau se sent en état de domination. Situé sur ce point, il tient l'axe du combat et le cheval ne dispose, lui, d'aucun avantage.

LA SUERTE DE LA ROSE

Les blessures du taureau
Magnifient la couleur des roses
Et les font plus belles
Que le plus riche trésor…
Elles brillent pareil à de l'or
Et offrent un parfum singulier
Car, depuis l'enfance du taureau,
Elles portent leur arôme aux gradins
Et leur couleur préférée
Est d'un rouge carmin.

Les suertes dites « dans le rayon » sont celles au cours desquelles le taureau et le cheval sont à l'intérieur de la ligne d'un même rayon de la piste. Dans celles qu'on appelle « du diamètre », le taureau se trouve sur un côté du rayon et le cheval sur le côté opposé, abstraitement reliés entre eux par la ligne diamétrale.

L'essence de la rencontre gît dans le fait que le cheval et le taureau partagent la distance. Il faut laisser venir le taureau, il faut lui permettre de rechercher le duel, de faire briller sa bravoure et de se focaliser sur le cheval. Il doit charger, et le cheval, en mouvement, l'attendre. Les banderilles doivent être le symbole de la rencontre.

Le cavalier a aussi une fleur pour son cheval, une fleur formée des pétales de la gratitude. Et il doit l'offrir à son compagnon avant qu'il lui permette de le monter.

Sonder ses yeux pour y lire l'entrain que donne la santé. Contrôler ses aliments, procurer une eau cristalline à sa soif, mais ne pas le laisser s'en approcher s'il est en sueur et ne le laisser boire, comme il est indiqué en pareilles circonstances, que de toutes petites gorgées.

Sa peau doit être caressée chaque jour par l'étrille et la brosse. Il faut former ses muscles par le travail mais ne pas l'épuiser dans l'effort, le promener s'il ne s'entraîne pas et lui donner, pour dormir, une litière propre et épaisse.

La selle doit s'ajuster au cheval, en évitant que les armatures ne gênent, avec les sanglons serrés doucement et le trousse-queue offrant quatre doigts de débattement quand on la soulève.

Le mors est placé derrière les canines, sans toutefois les toucher, sans former de plis à la commissure des lèvres. La gourmette est lâche, pour faire sentir les différents ordres. La rêne droite est plus courte que la gauche, pour compenser ce que la tension de l'une prend sur l'autre.

Guetter l'apparition de vessigons pour les traiter à temps. Corriger les aplombs du cheval avec la ferrure. Chercher l'amplitude des sols par la courbure des fers, tenus par des clous, qui imitent la ligne de l'horizon.

Faire en sorte que les fourchettes bien propres amortissent son poids…

Quand ma jument torée
Au milieu de la piste,
La rose rêve d'un œillet,
Le taureau pense à une vache,
D'une dame je me souviens.

Le caracoleo

Parmi toutes, le caracoleo est la figure la plus ample, puisque la première rencontre peut être réalisée à partir de n'importe laquelle des variantes précédemment décrites, ou encore au galop, avec le taureau serré à la croupe et étrécissant le cercle, pour incurver la charge et accrocher deux roses à sa bravoure.

En arrivant devant le taureau, le cheval a tourné sur lui-même sans sortir de la suerte, en s'enroulant dans la charge, en la prolongeant par ses voltes, jusqu'à réaliser trois rencontres consécutives. Lesquelles ont permis de laisser les témoins de trois roses rouges sur le cuir noir, trois fleurs brillantes de courage, d'engagement et de force.

Mejicano était cheval de taille modeste (1,52 mètre) mais de grand recours. Il fut l'auteur de cette suerte, le 24 avril 1971, dans la Plaza de Toros de la Real Maestranza de Séville. Il laissa planté sur le taureau trois roses toreras, dont le parfum a imprégné le sable jaune de la piste. Son travail fut récompensé par la première queue jamais concédée dans cette arène lors d'une corrida à cheval.

MAESTRANZA

Tu es la mère sublime du toreo ;
En toi habitent l'art et le ferment
De l'école la plus pure, Séville,
Et sur le sable tu as façonné ton désir.

Sur ta piste j'ai créé le caracoleo ;
J'ai accroché une rose à la banderille,
Quand à mon secours vint une mantille,
Et la fleur m'a fait entrer au Musée…

Merci, Maestranza de Caballería,
Aujourd'hui tu me donnes dignité,
honneur et joie.
Je t'aime de toute mon âme, c'est ma
fierté...

Je veux mériter ce que je mérite
Et trouver en ton sein le noble asile
Où me sentir fleur de ton bouquet.

On considère toréer al « caracoleo » lorsqu'on parvient à ce que le taureau n'interrompe pas sa charge et que le cheval ne se décolle pas de lui, tandis que le rejoneador peut, à trois reprises, exécuter la suerte désirée.

Dans le rejoneo, comme on tient les rênes d'une seule main, les ordres sont indirects, puisqu'on agit sur le mors du côté opposé à celui où l'on veut aller.

Les chevaux toreros doivent être conscients du danger et l'affronter. C'est un fait qu'ils manifestent de la tête, en regardant le taureau, et beaucoup d'entre eux ont un mouvement d'oreille à se sentir près de lui, comme dans un acte de joyeuse provocation.

Les éperons ne doivent pas être un châtiment pour le cheval, même s'ils représentent une marque de respect. Tout au contraire, les étoiles que forment les molettes doivent guider de leur lumière et non pas de leurs pointes. Les éperons, en arrière du sanglon de la selle, permettent que les commandements soient comme un prolongement de l'esprit du cavalier.

Pour que le cheval comprenne mieux et que le rejoneador puisse conserver un placement correct des jambes, il doit transmettre ses ordres beaucoup plus par l'effet produit par ses éperons que par leur mouvement.

Les suertes qui se préparent en appelant le taureau de face, en lui laissant le temps de mesurer la distance et en se laissant voir, sont des suertes CRÉÉES.

Celles qui se produisent en conséquence d'un démarrage inopiné du taureau et exécutées sur la charge sont réputées IMPROVISÉES.

Celles qu'on réalise en faisant passer le cheval entre le taureau et la barrière sont OBLIGÉES.

Et celles dans lesquelles on oblige le taureau à faire un demi-tour alors qu'il regarde dans une autre direction sont dites PAR SURPRISE.

Dans le rejoneo, les suertes se préparent, elles se réalisent, s'exécutent et se concluent.

On appelle « CONCLURE » (*REMATAR*) le fait de monter à la hauteur de la corne du taureau, de virer sur cet axe et de faire un tour complet, en repartant vers l'endroit d'où on avait lancé la course. Une autre façon d'en terminer consiste à sortir à la queue du taureau, en parvenant à faire un tour complet.

Si on sort de la suerte en biais du taureau, le cheval tourné du côté contraire ou prenant la fuite dans la mauvaise direction, si on perd de vue la tête du taureau, la suerte est considérée comme « NON CONCLUE » (*SIN REMATE*). On ne doit jamais rien perdre de vue, rien ni personne, ami ou ennemi. C'est un signe de lâcheté.

La suerte de la balance consiste à tenir une rose dans chaque main, les bras en croix, et de les poser de part et d'autre du dos du taureau.

Les terrains du taureau

Dans l'arène, le taureau peut se placer aux barrières (*tablas*), dans le cercle extérieur (*tercios*), dans le cercle intérieur (*medios*), ou au centre. Quant au cheval, il peut toréer dans ces positions, mais aussi sur le rayon, ou encore sur la ligne diamétrale, lorsqu'il est sur le rayon opposé à celui où se tient le taureau.

Ordre des facteurs qui influent sur la valorisation du toreo à cheval :

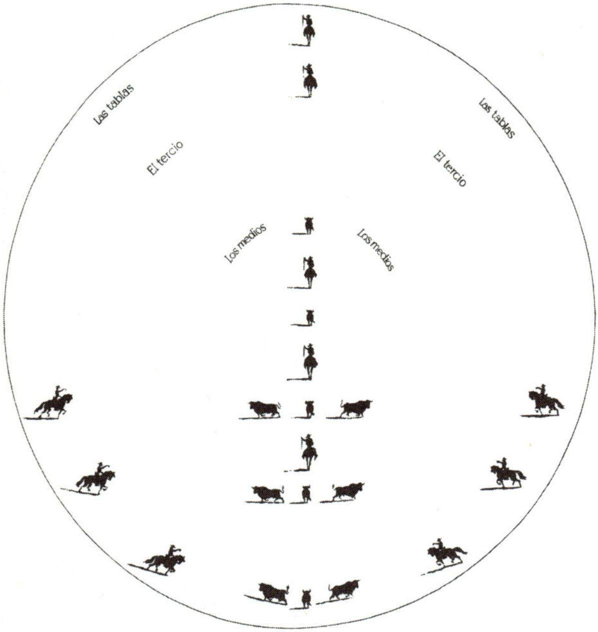

<table>
<tr><th>POSITION DU TAUREAU</th><th>TRAJECTOIRE DU CHEVAL</th></tr>
<tr><td>Au centre</td><td rowspan="4">Dans la ligne diamétrale</td></tr>
<tr><td>Dans le rayon, regardant les barrières</td></tr>
<tr><td>Dans le diamètre</td></tr>
<tr><td>Dans le rayon, regardant vers le centre</td></tr>
<tr><td>Dans le cercle intérieur</td><td rowspan="3">Par-dehors ou par-dedans</td></tr>
<tr><td>Dans le cercle extérieur</td></tr>
<tr><td>Aux barrières</td></tr>
</table>

ENDROIT DE LA RENCONTRE	
Près du cheval	Laisser venir le taureau
Entre le cheval et le taureau	Partager les distances
Près du taureau	Venir à hauteur de la corne
À l'endroit où le taureau se trouve	Taureau arrêté

APPRÉCIATION DE LA RENCONTRE	
En imposant le rythme (*templadas*)	
Véloces	
Incontrôlées	

Réalisation des suertes	Exécution des suertes
Al caracoleo	De face, à l'étrier, à la croupe ou à cheval passé, ce qui indique qu'on a manqué le moment opportun
Al quiebro	
Al cambio	
De poder a poder	
Al sesgo	
Al cuarteo	

FAÇONS DE PLANTER	
Placement du bras	Horizontal
	Plié
Action du bras	De bas en haut
	À la chasse

Comment fixer le taureau

On l'attend dans le cercle extérieur, dans le cercle intérieur où à la porte du toril, avec la garrocha ou la cape, et on le fixe en coupant la charge en rond, ou en le menant à la croupe.

Variantes des suertes

Al caracoleo – trois roses ou plus –; banderilles à deux mains, courtes ou longues, de chaque côté ; banderilles courtes et normales au violon ; banderilles ; rejones de châtiment ; rejones de fin ; usage de l'épée ou descabello à cheval.

Placer le taureau

Sortir le taureau retranché dans les planches, en le provoquant de la croupe du cheval, en marche arrière, en galopant de deux pistes, en le provoquant du poitrail, en l'entraînant sur le côté ; faire effectuer au cheval une cession à la jambe ou en entraînant le taureau à la croupe.

Allures d'ornement avant d'exécuter la suerte

Changements de pied en allant vers le taureau ; allures plus ou moins forcées en provoquant le taureau ; galop sur place, terre à terre, galop à trois temps, *piaffer* *normal ou balancé et n'importe quel travail de haute école utilisé comme ornement face au taureau. Ces exercices s'exécutent plus facilement dos tourné au taureau, car le cheval n'a pas à affronter directement le danger pendant qu'il les pratique.

À sa sortie, pirouettes à la tête du taureau, en frôlant les cornes avec le poitrail du cheval, des deux côtés.

Ordre de valorisation des *suertes*

Chacune d'elles par ordre décroissant de valeur

SUERTES	APPRÉCIATION
Banderilles	Verticales
	Inclinées
Banderilles à deux mains	En gardant une de chaque côté du cheval jusqu'à la rencontre
	Attendant avec les deux banderilles du même côté, à la chasse

Conclusion des suertes

En tournant sur le taureau vers l'endroit de départ ; en sortant à la queue du taureau.

Sans conclusion des suertes

Arrêt en position transversale par rapport au taureau ; fuite dans la direction du taureau.

Les suertes peuvent être…

Elles peuvent être créées, improvisées, obligées ou se produire par surprise.

Expressions du cheval

De soumission	Par conviction
	Par peur du cavalier
De protestation	Par peur du danger
	Par manque de recours
	Par excès du cavalier

Bride

Sans caveçon, elle est liée à la ceinture ; deux rênes dans une main ; ou rênes et fausses rênes des deux mains.

Composition du cheval

Tête	En place
	Mouvements désordonnés
	Avec martingale (à proscrire)
Encolure	Plié, en direction du taureau
	Droit
	Tourné dans la direction opposée au taureau
Oreilles	Pointées
	Normales
Galop	Normal
	Inversé (*cambiado*)
	Permuté (*trocado*)

Considérations sur le cheval torero

En équitation, il est plus important d'éviter les comportements de défense que d'enseigner un mouvement. On peut l'apprendre au cheval à n'importe quel moment, mais l'instant opportun est celui précisément qui doit empêcher d'attraper un défaut.

Le cavalier ne doit jamais céder, mais il ne doit pas faire preuve de dureté dans ses injonctions, pour ne pas rebuter le cheval. Il faut commencer l'apprentissage avec délicatesse, puis augmenter peu à peu la domination, jusqu'à obtenir le résultat que l'on souhaite, un résultat très différent selon les cas.

La punition et la caresse doivent être mesurées en fonction de la faute commise ou du progrès révélé. Le caractère du cavalier a une grande importance sur l'évolution du tempérament de son cheval. Si celui-ci est flegmatique, l'homme doit agir avec énergie, s'il est fougueux, avec douceur, toujours dans le but d'atteindre l'objectif recherché.

S'il n'est pas très compliqué d'apprendre à son cheval la verticale, il est beaucoup plus ardu d'obtenir de lui qu'il la pratique tout seul, quand on le lui demande, et sans y avoir recours comme un mode de défense.

Parmi tous mes chevaux, Ruiseñor fut l'un de ceux capables de réaliser la verticale avec le plus haut niveau de qualité, la tête toujours bien en place, dans l'alignement de l'encolure.

Ce cheval comprenait parfaitement le sens des mots que je lui disais, car je lui avais appris à traduire les différentes tonalités que j'employais pour m'adresser à lui. Évidemment, ces animaux ne peuvent pas interpréter les mimiques que l'on fait, ni les gestes, à moins qu'ils ne soient exprimés par d'amples mouvements du corps.

Ils prennent leur récompense dans les caresses, et c'est à travers elles qu'ils se soumettent à l'homme, cela d'autant plus aisément que la voix accompagne et confirme l'action de la main.

Le cheval est un ami, parce qu'il ne trahit pas. Vaillant, parce qu'il affronte le danger. Loyal, parce qu'il se prête en confiance aux ordres. Sincère, parce qu'il ne sait pas mentir, qu'il réagit à tout en fonction de ce qu'il ressent. Guerrier, parce qu'il sait se battre. Fidèle, parce qu'il donne préférence à son cavalier. Et respectueux, parce que, dans les prés, il se montre déférent envers les femelles, il les courtise, les défend et ne concrétise l'amour que lorsqu'il s'aperçoit qu'elles désirent être satisfaites.

La force de la bravoure, qui pousse le taureau dans ses charges, celles-ci rythmées et commandées par un galop ordonné, posé et équilibré, voilà quel est cet art qu'on appelle « toréer à cheval ».

Pour combattre un taureau, il est nécessaire qu'il soit toréé en permanence, qu'il soit près du cheval tout en le sentant inaccessible. C'est ainsi qu'on approche de la tauromachie idéale.

La bravoure s'étalonne et s'accouple au mouvement du cheval, qui forme un lien d'attraction invisible avec le taureau et produit l'indispensable situation dans laquelle, sans jamais parvenir à l'atteindre, le fauve garde l'illusion qu'il peut avoir raison de son adversaire à la pointe des cornes.

Quand le cavalier interprète harmonieusement le toreo, en tenant le taureau dans sa tentative continuelle de toucher au but et, en même temps, dans la crainte de perdre de la distance s'il freine pour lancer le coup de tête, alors la magie se produit, alors surgit le temple.

La tauromachie à cheval est faite de tout ce qui a déjà été nommé : appels de face, déplacements sur le côté, feintes calibrées, de caracoleo, de quiebros, cambios, poder a poder, sesgo, cuarteo ; de passages circulaires et de tous ces mouvements qui fixent la charge du taureau, qui la contrôlent, la conduisent et la dominent.

L'aimantation au cheval, résultat de la bravoure du taureau, est ce qui offre une illusion d'optique à son inertie, le poussant à aller vers l'endroit où était l'image, là où il croyait la trouver, mais où l'image s'est évanouie à l'instant de la rencontre. Le taureau reste obnubilé par sa charge, et voici à nouveau ressurgir le toreo et le temple : tandis que le taureau corrige sa trajectoire, le cheval lui montre un nouveau chemin.

Lorsque le taureau et le cheval courent dans la même direction, qu'ils vont inclinés du même côté et que le second, changeant de galop, bascule en sens opposé, son poursuivant collé à la croupe, les deux forment, l'espace d'un instant, un « V » qui symbolise toujours la victoire, et la victoire, dans ce cas, est celle de la domination du cavalier.

Dans le toreo à cheval, le temple retient le taureau en même temps qu'il le pousse, il l'enveloppe. Sa volonté aussi est mise entre les mains du rejoneador.

FANDANGOS

Les aiguilles de l'horloge en croix,
Le calendrier sur avril.
La trompette chanta à six heures
Et le taureau vit la lumière
À la porte du toril.

Charge, taureau vaillant,
Charge fort et léger.
Nous serons deux compagnons,
Quand mon temple accordera
Tes assauts sur le sable.

La rose torera

En Basse Andalousie, les eaux se mêlent avant de se perdre dans l'océan, formant ainsi les Marismas du Guadiamar. Dans ses étendues immenses, le silence est éloquent. Les veines de ces terres enferment le sang salé des marées, dont les vagues s'endormirent entre les salicornes, dans les bras des lagunes.

L'eau a sur ses lèvres une saveur saline. L'eau douce, on doit la chercher dans les entrailles de la terre. La vie, dans sa poésie, a la dureté du soleil et du vent, qui entrent par le cœur à nu de la plaine. Les chimères vont au galop de leurs chevaux parmi les mirages.

Les cabanes, assemblages de jonc et de scirpe, protègent les hommes des intempéries qui arrivent déchaînées de la mer, par les portes ouvertes de l'horizon arasé.

J'ai vécu là mon enfance, à califourchon sur mon cheval marismeño, à forcer des taureaux, poursuivre des lièvres et voir nicher les oiseaux.

Le printemps approchait et, dans la nuit transparente, un troupeau d'étoiles était descendu dans la mare aux canards. Comme je la franchissais au pas de mon cheval, la lune traça sur l'eau notre silhouette. Mon compagnon huma dans l'air l'odeur d'une jument en chaleur. Son hennissement était comme un appel d'amour et le mystère de la nuit préparait l'esprit au rêve. Depuis ce jour-là, quelque chose me manqua.

La lune allait et venait, le temps n'arrêtait pas sa course, à chaque lever du jour, mon regard scrutait l'horizon, à la recherche de cette fleur qui me tiendrait compagnie. L'espoir dans les yeux, j'oubliais que, dans la solitude des Marismas, il est bien difficile de la trouver.

Un soir, mon cheval désormais las de cheminer, nous fîmes halte un moment au Creux des Bergers. Près d'une cabane abandonnée, dissimulée au milieu des chardons, je vis une fleur. Elle était comme la reine des herbes de la plaine. Aujourd'hui, elle n'aurait pas la même valeur, pour moi qui ai connu tant d'autres fleurs. Mais ce jour-là, c'était la première fois que j'en rencontrais une.

Sans prendre le temps d'y penser, je me jetai sur elle et l'entourai de mes mains. Je la caressai, la protégeai du rempart de mes doigts. Je savourai son arôme, son parfum, sa couleur si différente de celle des autres plantes. Elle était ma reine aussi !

Après m'avoir offert tous ses enchantements, après que je les eus possédés, elle commença à faire triste mine. Elle avait soif. Je m'aperçus que je n'avais pas pensé à ce qu'on doit faire avec une fleur après l'avoir possédée.

Le point d'eau douce était difficile à trouver, mais je voulais l'atteindre. Égaré dans la nuit, je ne pus y parvenir. Je fouillai la terre, mais, malgré mon acharnement, je perdis ma fleur avant de découvrir la source. Elle gisait comme endormie, toute fanée sur le sable.

Mais toujours, lorsque la tristesse s'installe sur le trône de la félicité, il reste une lueur d'espérance sur le nouveau chemin, qui nous encourage à continuer.

Comme tous les enfants ignorants de leur ignorance, je me disais : « J'ai tout compris. Je chercherai la source, puis ma fleur, et je pourrai ainsi la conserver, pour l'avoir chaque matin auprès de moi. »

Mes yeux buvaient toute la lumière du jour, en quête de la source idéale. Aucune ne paraissait suffisamment douce. J'avais aussi appris à me méfier de ces terres, qui portent dans leur salinité le souvenir de la mer.

Les Marismas frissonnaient sous l'éventail des ailes. De nombreuses variétés d'oiseaux y nichent, qui marquent sous leur passage la route des rares sources d'eau douce... Après avoir beaucoup cheminé, j'en trouvai enfin une où, au milieu des touffes de romarin, la caille appelait sa femelle – l'amour est présent à chaque bel instant de la nature et nous fait nous souvenir…

Ma méfiance m'imposait de prendre toutes les mesures pour que rien n'échouât. Je me mis donc à la recherche de ma nouvelle reine, d'un pas ferme sur le sable, afin que mes traces bien marquées pussent guider mon chemin de retour.

J'avais déjà saisi que les fleurs vivaient près des cabanes des bergers. Je me mis à explorer les abords de chacune des cahutes de rencontre et, près de l'une d'elles, où poussait le figuier de Barbarie, je découvris une nouvelle fleur. Convaincu que l'important était de connaître le chemin de la source, je n'y pensai pas à deux fois.

Selon ma croyance juvénile : « J'avais tout compris. » Je me jetai sur la fleur. La nature, sachant que je m'en emparerais, l'avait protégée des piquants de son figuier de Barbarie et j'eus les mains comme couvertes d'une couronne d'épines, sans que pourtant je ressentisse la moindre douleur.

Cette fleur était aussi la reine de tout ce que le regard pouvait contempler. Aujourd'hui, elle n'aurait aucune valeur pour moi, qui ai connu tant de fleurs si différentes.

Mais ce jour-là, elle redevint ma reine. Je goûtai à nouveau son arôme, son parfum, sa couleur, je possédai une autre fois les enchantements qu'elle m'offrait, et elle n'eut pas le temps de devenir triste sur le chemin de la source que les traces de mes pas s'inscrivaient dans le sable. Le bonheur voletait autour de moi, balancé par une douce brise. Mais le vent de mer se leva dans l'après-midi, emportant les marques de mes pas. J'eus beau hâter la marche, ma piste se perdait.

J'avais bien calculé le temps et la fleur gardait toujours son frais sourire, mais je ne pouvais pas attendre davantage. Je grattai à nouveau la terre mais, avant d'atteindre l'eau, je perdis ma fleur, qui finit comme l'autre, endormie, fanée sur le sable.

« Oui, maintenant j'ai tout compris,me souffla mon enfance. Je vais chercher ma fleur près de la source et je ne me tromperai plus. »

Voilà qui n'avait rien de facile. Les timides fleurs des Marismas vivent dans les creux proches des cabanes abandonnées, mais j'avais déjà expérimenté que la constance aide à arriver où l'on désire. Ainsi passèrent les jours et les mois, jusqu'à ce matin où, au bord d'un ruisseau, je vis apparaître la tache que faisait un parterre de fleurs aux vives couleurs.

Je me sentis comblé d'espérance, car, pas de doute, ma fleur allait grandir là. Je n'avais jamais vu une telle merveille. Je restai plusieurs jours sans retourner à cet endroit et, quand j'estimai que les fleurs avaient suffisamment poussé, je vins y chercher la mienne. Mon regard fut aussitôt aimanté par tant de beauté.

Le mélange des couleurs me faisait tourner la tête, mais, en m'approchant, je me sentis désemparé au milieu de toutes ces fleurs. Elles étaient beaucoup plus belles que mes reines précédentes, mais, toutes identiques, elles n'avaient aucune valeur pour moi. On eût dit un ciel rempli d'étoiles où il n'y a pas lieu d'en choisir une. Et moi, je me souvenais de l'étoile solitaire de l'aube qui, sans être la plus belle, était différente des autres.

Cette fois encore, je me suis répété, plein d'assurance : « Maintenant, j'ai tout compris.

J'ai appris de l'expérience. Je vais semer une graine, une fleur poussera et, même si elle n'est pas aussi jolie que celles qui sont ici, elle sera différente et pourra devenir ma reine. »

La première graine que je trouvai, je la plantai à l'endroit le mieux exposé au bord du ruisseau. Grâce à l'attention et aux soins que je lui apportais chaque jour, elle commença bientôt à grandir.

Au bout d'un certain temps, je commençai à m'étonner de l'aspect que prenait sa tige. Sans m'en rendre compte, j'avais planté un arbuste. La nature, qui savait que j'enlevais les fleurs, m'avait donné un arbre pour que je ne puisse pas l'emporter. Ce n'était pas ce que j'avais voulu, bien sûr, mais je l'aimais tout autant, parce que c'était moi qui lui avais donné la vie, moi qui l'avais vu grandir, que c'était en lui que j'avais mis mes espoirs et mon affection.

Ne pouvant me donner de parfum, l'arbre m'offrait chaque soir, par reconnaissance, l'ombre de son feuillage.

Le temps passait et ma vie à cheval, au milieu des taureaux, fit naître en moi la passion du rejoneo. Je vins m'installer au Rancho el Rocío. J'aurais voulu apporter l'arbre avec moi, mais c'était impossible, il était devenu bien trop grand. Je continuais à le voir de temps en temps, mais ce n'était pas suffisant, et le besoin de trouver ma fleur s'empara à nouveau de moi. Les années m'avaient appris comment la trouver et je retentai ma chance, en plantant une autre graine dans l'enclos des taureaux.

Je lui fabriquai une protection avec un petit cercle de branchages, pour qu'elle pût grandir sans dommage, malgré la proximité des taureaux. Cette fois, la taille était plus petite, mais la nature, qui n'avait toujours pas oublié que j'enlevais les fleurs, m'avait donné une tige avec des épines. Sans le vouloir, j'avais planté un rosier.

Je retrouvai le bonheur quand le bouton se transforma en fleur. Chaque jour, je la caressais du regard, je lui donnais de l'eau et lui tenais compagnie. Un matin, je la retrouvai triste, inquiète, effrayée. Elle me raconta ce qui était arrivé :

— Un taureau a pointé sa tête au-dessus des branchages et a voulu me mordre. Mais il a senti la brûlure de mes épines sur ses lèvres et il est parti.

— N'aie pas peur, lui dis-je, c'est un toro bravo. Ils sont très romantiques. Il a voulu t'emporter pour offrir ton parfum à sa vache favorite.

— Qu'est-ce que c'est, un toro bravo ?

— La bravoure est quelque chose que le taureau porte en lui et que toi, reine des fleurs, tu ne peux lui donner, malgré ta couleur, ton parfum et ta beauté. En revanche, ces petites plantes, qui n'ont pas tous tes atours, lui donnent leur sève, le seul bien qu'elles possèdent, elles sacrifient leur vie pour que le sang du taureau se change en bravoure.

La rose m'écoutait, émue, mais elle ne me comprenait pas et me demanda de l'emmener voir, un jour, ce qu'était la bravoure.

Il y eut une corrida à Séville, au cours de laquelle je combattis Bambuco, le taureau qui avait voulu emporter la fleur. Je plaçai la rose à la poitrine d'une belle dame à mantille qui avait pris place au premier rang des gradins des arènes.

Bambuco chargeait mon cheval avec douceur et noblesse, ainsi que le faisaient tous ceux de sa famille, mais il se mit à charger beaucoup plus brutalement dès qu'il vit la rose qui lui rappelait ses amours dans l'enclos.

La dame, troublée, tenta de me faire le quite en lançant la fleur rouge sur la piste. Les banderilleros écartèrent le taureau. Moi, j'arrêtai mon cheval, je mis pied à terre pour ramasser la rose, coupai une banderille et fixai la fleur au harpon. Puis, j'adressai ce brindis à la belle dame, qui attirait maintenant tous les regards du public sur elle :

Afin de ne pas effrayer
Les belles qui viennent aux arènes,
Je veux couvrir d'une rose
Les blessures des taureaux.

J'appelai le taureau et lui plantai cette nouvelle sorte de banderille sur le dos. Ainsi fut créée LA SUERTE DE LA ROSE.

Et, depuis lors, la reine des fleurs utile aussi pour mettre en évidence la bravoure du taureau.

Ce jour-là, le taureau ne se rendit pas compte de sa mort. Et lorsqu'on le sortit de piste, il partit, comme dans un rêve, offrir la fleur à sa vache favorite. Alors, il me dit :

Je suis né dans les Marismas
Et je veux y revenir.
Je veux jouir de ses aubes
Avec la rose que j'ai là.
Et ralentir la mort,
Car vivant je veux y arriver,
Pour pouvoir offrir
La rose de mes amours
À la vache qui, parmi les fleurs,
Attend de m'entendre mugir.

Le taureau, racine d'Espagne,
Sublime sa culture.
On l'admire pour sa bravoure
Qui jamais ne déçoit.
Il ne craint pas la faux
Qui tranche
Car dans la corrida est sa vie.
Ses assauts sont sans douleur
Et il charge avec passion
Sa mort la mieux aimée.

Le cheval, le taureau et l'amitié

J'ai toujours dit que mes amis sont les plus grands trophées que j'ai gagnés grâce à ma profession, ces amis que j'ai pu connaître tout au long de ma carrière, c'est-à-dire à travers l'*afición* me liant à ce cheval qui sait jouer avec la mort pour adoucir la vie, et au taureau, qui fait que ce jeu devient un art, lorsque le galop du cheval et la charge du taureau s'harmonisent dans des mouvements semblables à ceux d'un ballet. On n'apprend pas beaucoup des amis, mais ils vous enrichissent l'âme, vous grandissent dans la faena, comme en un brindis symbolique. Pour apprendre, les ennemis, ceux qui cherchent toujours le défaut, suffisent. Il faut savoir analyser leurs opinions et en tirer parti. On se donne ainsi la possibilité de se corriger et de se surpasser. Ou de les ignorer, si on estime que leurs avis sont erronés. Et c'est ainsi qu'on s'ouvre de nouveaux horizons pour le toreo à cheval.

Les ressentiments des chevaux

Une belle dame, qui prenait le soleil des vacances sur la Costa Brava, demanda à défiler en tête du paseo. Elle se présenta à l'heure de la corrida, élégamment vêtue du costume andalou, pour monter mon cheval Mejicano… Mais, au dernier moment, elle prit peur et disparut. Nous ne la revîmes plus jamais. Cependant, j'entendai :

HENNISSEMENTS QUI PARLENT

« Que t'arrive-t-il, Mejicano ?
– Demandait un hennissement –
Il y a des larmes dans tes yeux
Et un désir dans ton âme. »

« Je cherche une reine
Qui porte un chapeau à large bord,
Et la tristesse m'aide
À laver mon regard.

Elle n'est ni blonde ni brune,
Elle est de Belgique ou de France.
C'est une femme ardente,
Mélange de plusieurs sangs.

Elle porte une veste courte,
Une chemise au jabot frisé
Et le cuir de ses jambières
Est d'un taurillon couard
Qui jamais ne vit l'arène.

Ce fut comme le rêve
D'une nuit hallucinée
Où ses festons sonnèrent
Une musique d'argent. »
Je l'ai vue passer – dit l'un –
L'Ombrageux : « Il y en eut tant ! »
Le Vaniteux : « Elle me regardait ! »
Et le Romantique leur dit :
« Suivons les traces de ses pas… »

Remarques sur l'élevage et le *toreo* à cheval

Observations faites sur le cheval, depuis sa conception jusqu'à son comportement dans la coexistence avec le cavalier.

L'homme apprend les mouvements au cheval et celui-ci, par ses réactions à nos exigences, nous éduque sur la façon dont nous devons nous comporter dans la vie avec nos semblables... C'est pourquoi je dis que l'homme fait le cheval et le cheval fait le cavalier.

Sélection de l'étalon : le cheval doit être dans le prototype de la race et présenter l'ensemble harmonieux que l'on recherche. Une hauteur au garrot adaptée à sa discipline. Pour le cheval espagnol, elle est comprise entre 1,57 et 1,63 mètre. Il y a des chevaux qui se grandissent lorsqu'on les monte et qui donnent l'impression d'être plus hauts qu'ils ne le sont en réalité. À la hauteur au garrot s'ajoutent la conformation, le caractère, les conditions, les attitudes et la volonté au travail. Le cheval doit savoir attendre qu'on lui demande un mouvement et ne pas l'anticiper. Mais il ne doit pas non plus le différer par apathie. On parviendra toujours à améliorer les réflexes d'un cheval tranquille. Quant à celui qui est excessivement fougueux, il sera plus difficile de cultiver en lui le tempérament idéal pour le dressage.

Il faut tenir compte de la généalogie, puisque tous les caractères d'un individu sont imprimés dans ses gènes. Il y a, dans chaque famille, des indices d'hérédité qui nous orientent vers le futur spécimen que nous recherchons, pas seulement dans la morphologie, mais aussi dans le caractère, les attitudes, la capacité d'apprentissage et le sérieux, qui est la qualité que le cheval doit avoir pour être toujours à l'écoute de son cavalier, sans se laisser distraire.

Une fois le cheval choisi pour être un étalon, il faut analyser son sperme, étudier sa capacité reproductive, tant en saillie directe qu'en insémination manuelle, avec du sperme frais, réfrigéré ou congelé.

Pour la jument, il faut tenir compte du cycle, des caractéristiques de son appareil génital et de la situation de ses ovaires, pour faire coïncider l'insémination avec l'ovulation, et l'état hygiénique de l'appareil reproducteur (vagin, utérus et trompes).

De nombreux facteurs influent sur l'ovulation, parmi lesquels je mettrais en évidence l'influence du mâle, tant par sa présence que par son odeur, la température, les heures d'ensoleillement... Tous ces facteurs influent au niveau du système nerveux central pour rendre un cycle sexuel fertile.

À partir du quatorzième jour après la fécondation, on peut observer la vésicule embryonnaire par échographie et, s'il s'agit d'une gestation gémellaire, détruire l'une des vésicules. La période moyenne de gestation oscille entre 11 et 12 mois.

Dès que le poulain est né, il faut commencer « l'imprégnation néonatale », technique popularisé internationalement par le vétérinaire américain Robert Miller, au début des années 90. Cette phase sera suivie d'une période d'éducation précoce ou « prééducation », avec la mère attachée dans le box en présence de son petit. Cette opération est réalisée par une personne qui tient le poulain de la main gauche, devant le cou et le poitrail, tandis que la droite caresse le reste du corps. Ces séances ne doivent pas dépasser 5 à 10 minutes et il convient qu'elles soient suivies d'une phase de repos de 20 minutes, afin que le petit puisse sentir sa mère et la téter, en récompense de sa bonne volonté. Ces sessions seront répétées trois fois par jour pendant 5 jours, puis 5 jours encore, mais cette fois pour une durée quotidienne de 50 minutes, et permettront diverses actions : caresser les oreilles, mettre le doigt dans la bouche et masser les barres, saisir et relever la racine de la queue au-dessus de l'anus, puis, en descendant, caresser le périnée jusqu'à la région inguinale, en touchant les parties génitales, pour finir en soulevant les antérieurs et les postérieurs. Au cours de ces séances, on observe un temps de repos toutes les 10 minutes, pour que la mère et le petit se sentent et que le poulain tète. La troisième et dernière séance est identique aux précédentes, mais prolongée de 5 minutes, qu'on consacre à la manipulation des sabots. Cette première approche, dont le poulain se souviendra toute sa vie, permet d'abréger le temps nécessaire au dressage du cheval… Elle doit être suivie des pratiques de prééducation : le poulain, attaché dans le box de la mère, avec un caveçon, reçoit les soins de pansage de la crinière, de la queue et du corps, hygiène des sabots, caresses sur le dos et les extrémités…

Les meilleures périodes de chaleurs des juments apparaissent 8 ou 9 jours après la mise bas. Elles entrent ensuite en chaleur tous les 21 jours, si elles ne sont pas pleines. Elles y entrent ensuite après le sevrage. Les mères ont alors la nostalgie de leur petit, ce qui les prédispose aux chaleurs.

Durant sa croissance, le poulain doit jouir de la liberté dans les prés. Ses courses désordonnées favorisent son développement et renforcent ses muscles.

On doit attendre l'âge de quatre ans pour commencer le dressage du poulain espagnol, car il n'est pas totalement formé avant six ans, à la différence d'autres races plus précoces.

Il faut débarrasser de leur fougue les chevaux que l'on ne connaît pas encore bien, et en particulier les poulains avant de les monter. Pour cela, on choisira soit de les lâcher dans la carrière, soit de les mettre à la longe, en leur imposant le pas ou le trot. S'ils viennent à galoper, il faut veiller très attentivement à ce que les extrémités qui se trouvent à l'intérieur du cercle soient toujours en avant. Dans le cas contraire, ils peuvent attraper le défaut de galoper *à faux* ou *désuni.* Si cette situation se présente, il faut tout reprendre du début. À la fin du travail à la longe, le cheval doit s'avancer de lui-même jusqu'au cavalier, signe qu'il est en train de lui accorder sa confiance.

Pour les premières montes, nous choisissons l'entrée de l'écurie. Sur un sol dur, les chevaux se défendent moins et, comme ils sentent la proximité des boxes, ils ne sont pas attirés ailleurs.

Dès le début, on doit veiller à monter le cheval également par les deux côtés, pour éviter que le cavalier ne soit jeté au sol du côté opposé, car les chevaux, s'ils sont habitués à ce que le cavalier descende toujours du même côté, ont tendance à s'effrayer dans le cas contraire. Il n'est pas rare, alors, de les voir lancer des ruades et s'enfuir à la débandade.

La crinière doit toujours être du côté gauche, afin d'aider le cavalier à monter. Le toupet doit être attaché pour ne pas gêner la vision du cheval. Les paturons sont rasés, pour éviter que la boue y fasse des croûtes et que la saleté s'y colle. Les oreilles sont également tondues, afin d'empêcher les insectes de s'y installer… Du reste, toutes ces précautions contribuent à l'aspect soigné et à la beauté du cheval. Le ferrage doit toujours être réalisé en recherchant la qualité des aplombs, avec quatre clous sur la partie extérieure et trois à l'intérieur, et des crampons, surtout aux postérieurs, pour les chevaux qui toréent, afin de mieux accrocher le sol de l'arène, rendu parfois glissant par excès d'arrosage. Sur les montures destinées au travail du vaquero, la pointe avant de l'étrier, proche du coude, est arrondie, afin d'éviter de blesser le cheval dans un mouvement. La sangle doit être placée derrière l'étrier du côté droit, et devant du côté gauche, pour assurer une bonne fixation. À l'inverse, les sangles du coussinet de selle, plus courtes, sont en avant ou en arrière des deux étriers, selon les modèles.

AVANT D'APPRENDRE à monter, il faut savoir dormir sur la paille, à côté du cheval, pour connaître ses inquiétudes.

Le ton de la voix, le langage qu'on utilise pour parler aux chevaux sont fondamentaux. Ils renforcent la portée des ordres, en leur faisant comprendre ce qui est demandé. C'est un peu comme ces chansons dont on apprécie séparément les paroles et la musique, mais qu'on aime encore davantage quand les deux s'harmonisent. Il en va de même pour le cheval, qui peut ainsi associer les ordres au ton de la voix. Il apprend mieux lorsque les deux choses vont de pair. De cette façon, les caresses et les compliments touchent mieux ses sens.

La femme, par sa sensibilité, possède une délicatesse particulière qui lui permet de gagner la confiance du cheval bien mieux que certains cavaliers masculins qui traitent le cheval avec brusquerie.

La monte en amazone a un plus grand mérite que de chevaucher à califourchon, puisque l'absence de l'aide apportée par les jambes doit être compensée par la cravache, car le cheval doit rester très fixe, quelle que soit l'allure qu'on lui demande.

Il convient de placer le mors de façon à ce qu'il ne touche pas les canines ou qu'il forme un pli à la commissure des lèvres. La longueur du porte-mors et des branches correspond à ce qui est nécessaire à chaque cheval. Elle influe sur ses appuis, de même que sur sa sensibilité et son élasticité aux ordres et sur la pertinence du transit cervico-facial en fonction de la discipline qu'on pratique. Il est très important de ne pas provoquer de lésions sur les barres de la bouche du cheval. Il est très impressionnant de le voir saigner et, de plus, elles cicatrisent très difficilement, à cause du contact continuel du mors.

Comme dans le jeu de billard, les éperons doivent avoir plus d'effet que de trajectoire. Avec certains chevaux, leur usage est presque imperceptible. La façon qu'on a de serrer les jambes sur les flancs est parfois suffisante.

Le cavalier doit se sentir relié au cheval par les éperons sans que ceux-ci le gênent, et par l'embouchure, par un contact permanent et un léger appui sur le mors, sans jamais être en arrière ou devant la main. Le cheval sera ainsi disposé à obéir aux ordres du cavalier. Son profil doit se maintenir légèrement au-devant de la verticale pour qu'il soit parfaitement à sa place à la reprise. Il faut le sentir uni à soi comme un membre supplémentaire de son corps, parvenir à provoquer son mouvement simplement par une pensée secrète, comme s'il était la prolongation de l'esprit du cavalier…

Les mouvements des différentes sortes de dressage agissent sur les variations du centre de gravité établi entre cheval et cavalier, et celui-ci le fixe ou le déplace sans s'en rendre compte, comme on tient en équilibre sur une bicyclette. Les jambes, légèrement en arrière de cette perpendiculaire, du centre de gravité, interviennent plus aisément pour donner l'impulsion au cheval et, au-devant de lui, donner un effet au mouvement arrière. C'est à ce point que les molettes en forme d'étoile des éperons ne doivent pas servir de châtiment mais, au contraire, à orienter le cheval. Ce que font les étoiles, qui nous orientent sur les chemins du ciel…

Avant de monter à cheval, on doit apprendre à le comprendre et à l'aimer, et penser à ce qu'il voudrait dire. C'est la seule façon de se sentir à sa place dans l'atmosphère des boxes.

Le cheval se soumet et se livre davantage au cavalier tranquille, dès lors qu'il sait que celui-ci peut être fort. L'important n'est pas de le faire céder en le contraignant, mais de réussir à ce qu'il juge bon de faire ce que le cavalier souhaite. Et, pour cela, il suffit de lui faire comprendre que, s'il se soumet aux ordres, ceux-ci seront chaque fois plus doux, à mesure qu'il saura les interpréter.

La race espagnole donne son arrogance et sa beauté au cheval torero. Les croisements renforcent sa vélocité, son agilité et ses réflexes en présence du taureau. C'est d'ailleurs grâce à la sélection qu'on fait pour le cheval torero qu'on obtient ces qualités chez le cheval espagnol.

Une fois le cheval soumis et rendu à la volonté de l'homme, on commence son entraînement pour la tauromachie. Et, pour contrôler son galop, le dressage en plein champ, avec le bétail, est très recommandé, car il oblige à des mouvements improvisés, auxquels le cheval doit s'adapter. Ensuite, à la carrière, il faut l'entraîner avec un simulacre de taureau et une vache apprivoisée. Enfin, continuer dans l'arène l'exercice, d'abord avec des adversaires de petite taille, pour l'habituer, avant de le mettre progressivement face à des opposants de présence plus respectable.

Pour toréer, le cheval doit être arrogant, énergique, paisible, doué d'un caractère qui nous permette de le faire passer, en une seconde, du calme à l'excitation, pour revenir immédiatement à la tranquillité, comme celui qui aspire à atteindre un but et se détend aussitôt qu'il a touché l'objectif.

Quand il est dans l'arène, le cheval qui a toréé un nombre suffisant de taureaux sait voir les caractéristiques de son adversaire, s'il est doux et noble dans la charge ou s'il est violent et coupe les trajectoires. C'est par sa résistance aux ordres du cavalier qu'il transmet à celui-ci son interprétation des caractéristiques du taureau… Quand il est noble et franc de charge, il se laisse conduire plus facilement et fait face tranquillement. Mais lorsqu'il se rend compte que le taureau qui vient d'entrer en piste peut être difficile à leurrer, ses pulsations s'accélèrent, et le cavalier le perçoit.

Le cheval ne sait pas si les cornes sont épointées ou non. C'est pourquoi le cavalier n'a pas de mérite particulier à combattre un taureau en pointes. Simplement, les risques sont plus grands pour le cheval.

Les chevaux, comme les cavaliers, doivent avoir des réflexes et montrer du respect pour le taureau. Si on veut toréer en s'appuyant seulement sur le courage, sans tenir compte de la technique, il est pratiquement impossible de créer de l'art. Dans le toreo, le courage doit être un complément de l'art, et non un déni de la raison. Le cheval doit agir comme un collaborateur du cavalier et sentir une très grande interpénétration avec lui, comme dans un couple de danse.

Un coup de lance à cheval : du XXe au XXIe siècle

Dans ma grande jeunesse, au milieu du XXe siècle, j'ai découvert la noblesse, l'art, l'arrogance et la beauté des chevaux de longue lignée cartujana. J'ai beaucoup appris de leur savante nature et de mon propre cheval Lirón.

À califourchon sur lui, j'ai observé les méditations de ces chevaux sur un horizon de possibilités infinies. Et j'ai commencé à jouir de toutes ces choses que je recherchais chez les autres chevaux et que je ne trouvais jamais comme je le voulais.

Cette lignée m'a enrichi spirituellement et humainement. Un jour, du haut de mon cheval, je regardais vers l'horizon, avec la garrocha, ce bois de lance que les vachers se mettent à l'esprit pour compter le temps, dans l'immense planure de Las Marismas, pour calculer, grâce à elle, la distance entre la terre et le soleil, peu après qu'il est né, ou juste avant de laisser ses dernières traces au coucher, pour mesurer, selon le nombre de garrochas de soleil observées sur l'horizon au matin ou celles qui restent plantées dans les terres du soir. C'est alors que passa un flamant, les ailes ouvertes et incendiées par le sang de la mort du soleil, laissant imprimée, dans le mirage du crépuscule, la Croix de Las Marismas. Ainsi naquirent mes armes : *Romance, Hidalguía y Nobleza.*

La garrocha verticale représente la chevalerie (*Hidalguía*) et signale le chemin du ciel.

Le flamant posé sur la garrocha, avec les ailes ouvertes, représente la poésie (*Romance*) de l'esprit en vol.

Les quatre fers de mon cheval, qui servent de socle, figurent la chance. Ils sont fixés par sept clous qui nous offrent une chance pour chaque jour de la semaine.

Depuis lors, le cheval cartujano fait partie de moi et de mes sentiments.

Toi, cheval cartujano, si espagnol,
Tu t'ornes de brillants mouvements.
Ta crinière est la caresse des vents
Et ton dos un trône courtois.

Ta noblesse est sensible jusque dans la main
Du cavalier qui, en nobles pensées
Et sentiments profonds, te conduit
Vers un monde de mythes et d'arcanes.

Aujourd'hui, ton sang galope par
ce monde
Car tu es d'une lignée si profonde
Qu'il brille plus qu'un vrai soleil…

Tu es le cheval de l'histoire,
Vélasquez, sur la toile de sa gloire,
Peignit ta pure race d'Espagnol.

« Le rejoneador »

Sous ce titre, et à l'occasion des représentations données par le célèbre rejoneador Ángel Peralta au Palais des Expositions de Genève, le prestigieux écrivain suisse Jacques Buenzod a publié l'article suivant dans le quotidien *Chronique des Sports* du 15 novembre 1932 :

« L'obscurité a été rompue par un long rayon de lumière ; le silence par un son de guitare plus triste que s'il sortait des doigts d'un mort.

On dirait que, par l'effet de quelque enchantement, le tapis de sciure brune du Palais des Expositions s'est transformé en tapis magique, tapis de rêve. Le temps est ici aboli, et l'espace aussi. Parce que soudain a surgi de la nuit, comme la terrible figure du *Commandeur* *, le rejoneador Peralta, monté sur un cheval blanc. Le poids n'existe plus. Nous sommes hors du monde de la contingence. La vie s'est changée en rêve. Tournant dans la lumière, passant avec une aisance prodigieuse d'un galop appuyé à une levade parfaite, dessinant sous la lueur aveuglante des projecteurs ses arabesques équestres, comme une araignée tisserait sa toile d'or, le rejoneador, fantôme noir, invente un style et nous ensorcelle.

Est-ce une danse, cette grâce extrême de la lenteur ? Est-ce une figure de ballet, cette courbette élégante et osée qui surgit soudain de ce que Montherlant, dans un passage de *La Petite Infante de Castille*, appelle le piaffer des grands chevaux fabuleux ? On ne sait plus. Parce que cette haute école, précise et nerveuse, est aussi de la musique, l'expression même du cante jondo, du chant profond. Au-delà du resplendissant, vertigineux exercice de virtuosité pure, apparaît la manifestation de l'âme de tout un peuple, de sa vaillance, de sa noblesse. Ô, monde réellement à part, monde de l'aristocratie sanglante et mystique des matadors de toros bravos, de banderilleros, de picadors, baignés tout ensemble de cruauté, d'ingénuité et de peur ! Quelle merveille d'avoir créé pour notre bonheur ces centaures brillants et débordants de passion qui ont pour nom Salvador Guardiola, mort un funeste soir d'été à Pala de Mallorca, et celui de cette nuit, Ángel Peralta. Merci, *mataó*! »

B. Z. D.

L'équitation en quête de l'art

L'art est fécondé dans le ventre des mères et on naît avec lui. Il est compréhensible que les juments et les étalons qui possèdent ces gènes donnent des chevaux capables de les manifester dans leur danse avec le taureau. Mais il existe aussi des races mieux prédisposées que d'autres. La beauté, l'arrogance, la flexibilité et l'élasticité du cheval espagnol sont des caractéristiques qui favorisent l'expression de l'art.

Il y a des chevaux qui ont de bonnes dispositions pour collaborer et qui se soumettent facilement à la volonté de l'homme devant les taureaux. Ce sont de bons travailleurs, mais ce n'est pas suffisant puisque, dans le travail au pré ou dans l'arène, c'est l'art qui nous touche. Et pour l'obtenir, il faut que le cheval se rende compte que ce n'est pas vers le danger que l'homme le conduit, mais, au contraire, qu'il l'aide à s'en dégager. Ainsi, en gagnant sa confiance, le cavalier parvient à contrôler ses mouvements par l'esprit, et le cheval se sent poussé par son propre désir de réussir à vaincre la force du taureau, de jouer avec ses charges, de s'ébattre dans son art… Il exprime cette joie en dressant les oreilles, au moment où son agilité défie la force.

Il ne faut pas s'attendre à voir l'art. Il faut le percevoir, quand la façon d'exprimer quelque chose touche aux nuances du sublime, qui est au creux de la sensibilité et nous parvient par des voies mystérieuses. C'est quelque chose qui nous apparaît hors du normal. C'est pourquoi je dis que l'art est le parfum de la technique et que nous le ressentons au plus profond de ce qui fait frissonner notre esprit.

On peut distinguer trois modalités fondamentales dans le dressage : Doma Vaquera, acoso y derribo et rejoneo. Les mouvements improvisés que le comportement du bétail provoque ont créé ces écoles. L'une d'elle fut pour :

DANS LA BROUSSAILLE

C'était un jour de printemps.
Un taureau s'était fourvoyé dans la
broussaille,
Où son rival vint l'humilier,
Près des ajoncs de la berge…
Moi, sur ma jument campera
Toute à ma main soumise,
J'esquivais ses assauts,
Le conduisant jusqu'à l'enclos,
Et ce taureau sentimental
Connut l'amour de sa vie.

La technique de Doma Vaquera s'est imposée d'elle-même, quand il a fallu travailler avec le bétail, dans les différentes manœuvres pour le déplacement, le sevrage et la sélection des bêtes. Chaque mouvement s'est créé naturellement, parce qu'il fallait que le cheval soit prêt à agir rapidement, par exemple en portant son poids sur ses postérieurs, le tiers antérieur restant libre pour tourner bas et anticiper dans la direction marquée par le bétail. Ou encore dans l'arrêt et le pas arrière, qui devient une prise d'élan pour entraîner avec soi une bête qui charge ou un taureau réfugié dans les fourrés. Les pas de côté se sont avérés nécessaires pour contrôler le bétail, pour ouvrir les portes des enclos et, plus spécialement, pour les fermer. Ce dressage rustique s'est ainsi enrichi des techniques de l'école classique, afin d'améliorer encore les automatismes des chevaux dans le travail au pré.

Dans le pas castillan, l'art s'aère au tempo du mosquero (ornement de crinière noué au frontal pour protéger les yeux des chevaux des piqûres des mouches) qui rythme la marche.

Les vachers ont aussi appris que :

> Un coup d'éperon à contretemps
> Blesse celui qui le donne.
> Quand on veut piquer,
> Il faut attendre le bon moment
> Pour ne souffrir aucun mal.

L'art de l'équitation atteint sa gloire lorsqu'on ne sait pas distinguer qui, du cheval ou du cavalier, le fait apparaître. Il trouve sa puissance dans ce que l'un donne et l'autre apporte. Ainsi, les deux acteurs fusionnent en une entité unique, le centaure mythique.

Pour le cheval, le processus d'apprentissage résulte d'un mécanisme de défense, puisqu'il pense qu'il esquive les aides, alors qu'en réalité il cède à ce qu'on lui demande. L'expression de son art est la conséquence d'une façon particulière de ressentir les choses.

Dans la pratique qu'on appelle « acoso y derribo », certains chevaux expriment leur art dès qu'ils font sortir le taurillon du troupeau, par la façon d'aller le chercher et de le séparer du reste de la manade. On peut l'apprécier surtout pendant la course, quand le taurillon est pris, que le galop est détendu et harmonieux, accordé au mouvement du mosquero jusqu'au moment de rompre. Les foulées sont précises, les oreilles se dressent en signe d'engagement et de satisfaction au point culminant de la suerte, et la position reste bien campée après la chute du taurillon.

COURSE EN PLEIN CHAMP

Quand un taurillon au milieu du troupeau
attend,
Va le chercher au pas de ton cheval
tranquille.
Conduits-le où il aimera se trouver,
Car c'est l'esprit de la *doma campera.*

Monte la lance de telle manière
Qu'elle soit calée bien à l'aise sur l'étrier.
Tiens ton cheval prêt à la poursuite,
Juste avant que tu lances la course avec
doigté.

Laisse-le aller, résolu et sans violence,
Assuré et sans perdre la cadence,
De la main de cet art à la magie secrète
Qui permet de te tenir en place,
Le taureau étendu à ton côté,
Tandis que tu médites une nouvelle cabriole.

Dans l'équitation torera, le cheval exprime son art devant le taureau. Il regarde le danger en face. Il tourne la tête, s'arc-boute vers le taureau, sans se laisser toucher, mais sans non plus faire perdre à son adversaire l'illusion qu'il peut l'abattre de ses cornes. C'est à ce moment que le temple fleurit, quand le taureau freine et, en même temps, qu'il reste constant dans sa charge.

Ces expressions de l'art sont manifestes dans les différents mouvements et suertes du toreo à cheval.

Mais les chevaux, les espagnols spécialement, nous offrent également la vision de leur art dans les allures de passage et de piaffer. Il faut voir avec quelle élégance ils forment l'angle droit entre l'avant-bras et le canon. Et cet instant de suspension entre deux battues. Et le pas espagnol. Et les demi-tours et les pirouettes camperas sur les postérieurs. Et les levades et les arrêts. Et cette facilité qu'ils ont à dévier le centre de gravité en tenant les postérieurs sous la masse.

Le cheval est, par lui-même, une création de l'art de la nature, qui a servi à inspirer et enrichir l'œuvre des plus grands peintres. Leur silhouette, leurs mouvements ont été immortalisés par les plus grands sculpteurs, qui les représentent comme les trônes de rois et de personnages illustres.

Dans la peinture, la poésie, la musique ou toute autre activité, l'art peut seulement se manifester quand ce qu'on réalise vient du plus haut du domaine dans lequel on s'exprime.

Pour exprimer son art dans une allure en cours de réalisation, le cheval doit avoir une volonté de travail contrôlée par lui-même, à un degré maximum de concentration et de collaboration avec le cavalier.

L'art du cavalier consiste à découvrir l'art du cheval. Pour y parvenir, je considère que le plus important est de cultiver et de conserver le contact avec la bouche du cheval, dans le point d'appui nécessaire au type d'équitation qu'on pratique. Le cavalier peut ainsi prendre en main et ordonner, à travers le toucher, l'impulsion donnée par les éperons. Le mouvement doit suivre l'esprit du cavalier, et non le contraire.

Le cheval s'épanouit dans son art propre. Si on sait le lire dans ses yeux, son regard nous apporte la paix de ce qui est abouti... De ce qui est savouré...

Statistiques de la saison 1971

CUADRO ESTADISTICO

Fechas	PLAZAS	Toros	Orejas	Rabos
3- 1	Las Palmas	2	1	—
21- 2	Altea (Alicante)	3	4	2
14- 3	Las Palmas	2	4	—
15- 3	Castellón	2	4	—
21- 3	Las Palmas	1	1	—
28- 3	Barcelona	2	1	—
18- 4	Palma Mallorca	2	1	—
19- 4	Valencia	2	4	1
23- 4	Cáceres	2	2	—
24- 4	Sevilla	2	4	1
25- 4	Torremolinos	2	2	—
1- 5	Alcorcón	3	6	3
3- 5	Villacarrillo	2	4	2
8- 5	Jerez	2	2	—
9- 5	Murcia	2	3	—
14- 5	MADRID	2	4	—
15- 5	Valdivia	3	6	3
16- 5	Valladolid	2	2	—
18- 5	Carmona	4	8	4
20- 5	Barcelona	2	3	—
23- 5	Palma Mallorca	2	—	—
27- 5	Córdoba	2	2	—
29- 5	Hellin	3	5	2
1- 6	San Fernando de Henares	1	2	1
5- 6	Trujillo	2	2	1
10- 6	Barcelona	2	1	—
12- 6	Plasencia	2	2	1
13- 6	Olivenza	2	4	2
15- 6	El Tiemblo	1	2	1
18- 6	La Rinconada	3	6	1
19- 6	El Ejido	1	2	—
20- 6	Granada	2	4	1
21- 6	Algeciras	2	—	—
24- 6	Cabra (Córdoba)	3	3	1
25- 6	Pozocañada	3	6	3
26- 6	Alicante	2	1	—
27- 6	MADRID	2	1	—
28- 6	Medina Rioseco	2	4	2
29- 6	Aranjuez	2	2	—
1- 7	Burgos	2	2	—
3- 7	Marbella	2	1	—
4- 7	La Carolina	2	4	2
5- 7	Vich	3	4	1
11- 7	Vinaroz	2	4	1
13- 7	Navas del Marqués	1	2	1
14- 7	Mejanes (Francia)	2	4	1
15- 7	Moraleja	3	6	2
16- 7	Vélez-Málaga	2	2	1
17- 7	Cartagena	2	4	1
18- 7	Tarragona	1	—	—
19- 7	Ibiza	3	4	1
22- 7	Manzanares	2	1	—
23- 7	Novelda	3	3	1
24- 7	Valencia	2	3	—
25- 7	San Feliu de Guixols	2	2	1
26- 7	Santiago de Compostela	2	4	2
27- 7	Tudela	2	4	1
1- 8	Huelva	2	1	—
2- 8	Valdepeñas	2	4	2
3- 8	Bayona (Pontevedra)	3	6	2
5- 8	La Roda	2	2	1
6- 8	Ondara	2	4	—
7- 8	San Sebastián	2	2	—
8- 8	San Feliu de Guixols	2	4	—
11- 8	Motril	3	6	3
12- 8	Huesca	2	3	1
13- 8	Villarrobledo	2	2	—
14- 8	Alicante (tarde)	2	1	—
14- 8	Tovarra (noche)	3	4	2
15- 8	Vinaroz	2	2	—
16- 8	Castellón	2	2	—
17- 8	Vitigudino	3	3	—
18- 8	Valverde del Camino	2	2	1
21- 8	Robledo de Chavela	3	6	2
22- 8	San Feliu de Guixols	2	4	1
23- 8	Nerva	2	4	2
24- 8	Belmonte de Cuenca	2	4	2
25- 8	Martos	2	4	2
26- 8	Almagro	2	4	2
27- 8	Almería	2	3	—
28- 8	Casas Ibáñez	4	8	4
29- 8	Benidorm	2	3	—
30- 8	Constantina	2	4	2
31- 8	Linares	2	3	1
2- 9	Medina del Campo	2	4	2
3- 9	Palencia	2	4	—
4- 9	Ibi	3	6	3
5- 9	Tarragona	2	4	2
6- 9	Mérida	2	3	1
7- 9	Almazán	2	4	2
8- 9	Cintruénigo	2	2	—
9- 9	Alburquerque	2	4	2
10- 9	Jerez de la Frontera	2	3	—
11- 9	Murcia	2	3	1
12- 9	Baza	2	4	2
14- 9	Aranda de Duero	2	2	—
15- 9	Albacete	2	4	1
16- 9	Bollullo del Condado	3	6	3
17- 9	Almodóvar del Campo	3	6	3
18- 9	Cazorla	2	4	1
19- 9	Palma Mallorca	2	1	—
20- 9	Oliva de la Frontera	2	4	2
21- 9	Salamanca	2	2	1
22- 9	Talavera de la Reina	2	2	1
23- 9	Fregenal de la Sierra	2	4	—
24 -9	Valladolid	2	4	1
25- 9	Munera	3	6	1
26- 9	Granada	2	4	2
27- 9	Guadalajara	2	2	1
1-10	Abarán	3	4	—
2-10	Vélez-Málaga	3	6	3
3-10	Sevilla	2	2	—
4-10	Caravaca	2	2	2
6-10	Guadarrama	4	8	4
10-10	Palma Mallorca	2	1	—
11-10	Nerja	3	6	3
12-10	Barcelona	2	1	—
15-10	Avila	2	4	1
17-10	Segovia	2	3	1
22-10	Huéscar (Almería)	3	4	1
24-10	Villena	2	4	1
25-10	Huercal-Overa	2	—	—
31-10	Consuegra	3	6	2
7-11	Santa Cruz de T.	6	4	1
15-11	Villanueva Al.	3	6	2

TOTAL: 126 corridas - Orejas cortadas, 442 - Rabos, 134

Au cours de la saison 1971, si on inclut les corridas qui eurent lieu après la confection de cette affiche, les trophées sont, au total, les suivants :

Corridas honorées : 126 ;

Spectacles annulés : 1 ;

280 taureaux combattus, 442 oreilles et 134 queues coupées.

Toreo à cheval

En Espagne, aujourd'hui, le rejoneo a sa propre école. Moi, je l'appelle Équitation Torera. Elle a ses fondements dans la Doma Vaquera, elle-même construite à partir du dressage classique et de la haute école.

Et c'est ainsi, par la synthèse de trois écoles différentes, que l'équitation torera espagnole parvient à « aller à la guerre en dansant » comme disait le critique taurin César Jalón, Clarito, à propos de mon cheval Ingenioso.

Ce mélange offre l'avantage de pouvoir utiliser indifféremment les recours de l'école rurale andalouse et de la haute école, en fonction des besoins de la faena… Pouvoir passer du calme à l'excitation. Savoir revenir à la tranquillité, pour s'envelopper en elle, sans cesser de rester alerte sur la réaction qui saura dominer la violence du taureau.

Les réactions et les mouvements du cheval doivent être la prolongation de l'esprit du cavalier, comme si sa monture était un membre de son propre corps.

Le cheval a du mal à supporter la présence du taureau face à lui. Le fait de lui tourner le dos, au contraire, favorise l'impulsion de ses mouvements.

On n'éduque pas le cheval en le frappant, mais bien en le corrigeant. On ne le corrige pas en l'effrayant, mais en lui faisant prendre conscience de son erreur.

À CHEVAL, la vie semble courte en quête d'une expérience longue.

L'homme et le taureau

« Toréer, c'est leurrer le taureau sans lui mentir », avec la vérité et le cœur en avant, ce cœur qu'on prête si souvent, avant, un beau jour, de le donner. Dans le toreo, il faut le donner tous les après-midi – je parle ici d'une certaine façon de se livrer. Tout ça est le résultat d'un rêve qui, dans son obscurité, éclaire notre sentier vers le triomphe et nous pousse à y cheminer.

Le courage du torero est un mélange de désir et de la confiance en soi-même que donne l'assurance de pouvoir dominer la charge du taureau, en le fixant dans la muleta sans lui ôter la possibilité de la toucher avec ses cornes. Quand le torero contrôle la charge du jeu de son poignet et qu'il retire la muleta sans que le taureau soit parvenu à la toucher, tout en gardant l'illusion qu'il pourrait y arriver, c'est alors que surgit le temple, facteur indispensable au fleurissement d'une bonne faena dans le combat du taureau. Dans ce cas, la peur est vaincue par le courage, signe que le torero désire plus qu'il ne craint.

Le torero se sent sûr de lui quand il se met dans le sitio, à la bonne place, à l'endroit où, étant si proche du taureau, on s'en croit pourtant si éloigné, là où s'épanouit le moral du torero. Car « il se plaît à lui-même », comme on a l'habitude de dire dans l'argot taurin.

Le toreo naquit un jour
Où un maletilla rêvait
Et, dans l'arène de son rêve,
La lune il toréait.
Il donnait des passes au temps
Et le temps lui céda.

Et un matin de mai
La cape devint fleur.

Torero, torero et taureau,
En une romance d'amour,
S'enroulent dans la cape
Comme un coucher de soleil.

Blessure de Jaime Ostos

J'ai partagé l'affiche bien des fois avec Jaime Ostos. Et, l'une de ces fois, dans les arènes de Taragona, un taureau lui trancha la veine fémorale… Le sang coulait à flots. J'intervins pour le transport depuis la piste jusqu'à l'infirmerie, faisant de mon mieux pour contenir l'hémorragie. Comme il n'y avait pas assez de sang pour une transfusion en salle d'opération, nous demandâmes aux gens du public qui étaient du même groupe sanguin que Jaime de se présenter à l'infirmerie. Les volontaires se pressèrent en masse, grâce à quoi la question de la transfusion put être solutionnée. Mais la situation s'aggrava, avec perte presque totale de la tension, car l'hémorragie ne pouvait être contenue. À cette extrémité, on me demanda d'appeler sa famille. Finalement, on trouva le moyen de tamponner la blessure avec une serviette hygiénique, ce qui permit de limiter la perte de sang avant qu'on pût l'opérer.

Il fallait trancher sur la pertinence d'un transport sanitaire à la capitale. Décision difficile que son imprésario Manuel Herrero, son banderillero El Vito et moi devions assumer sans nous tromper, car on pouvait craindre le pire au cours de ce transfert :

Le soir est blessé
Par le tragique accident.
Sur cette piste de sable,
Un coup de corne précis
A détruit sa fémorale.
C'était un bon taureau, un vrai,
Qui, cherchant sa figure,
A voulu faire briller sa bravoure,
Ce soir-là à Taragona,
Et la blessure laisse paraître
Le sang battant de son cœur.
Nous vîmes qu'il n'est pas d'un lion,

Il est de la couleur de l'amour,
Il est de la couleur d'une fleur,
De la fleur de sa muleta,
Quand la charge du taureau
S'enroule si bien à sa taille.
Et il n'y a pas de plus grande beauté
Que de se sentir chevalier errant,
Comme Quichotte sur Rocinante
Combattant les moulins à la lance
Quand cela est le destin
D'un écuyer fidèle et vagabond.

Je vais traiter des trois éléments fondamentaux de la philosophie de ce jeu de vie et de mort.

Pour donner la mesure de la bravoure du taureau, j'ai écrit ce paso doble :

MAESTRANZA DE SÉVILLE

Paso doble, sur une musique de
Manuel Pareja Obregón

I

Maestranza de Séville
Comblée de soirées toreras,

D'art, de splendeur et de gloire,
Et de grâce marine.

Ton sable est d'or
Tes arches ont la couleur du sable,
La couleur du sang tes barrières,
Tes grâces couleur de ciel.

REFRAIN

Quand le soir s'habille
D'or et de rouge à Séville,
Le blé et les coquelicots
Rêvent sous le fléau.

Brandebourgs, paillettes,
Banderilles à tire-d'aile.
La cape endort le vent,
La cuadrilla s'évente.

II

D'olé en olé, voici les passes de cape
Qui se balancent sur ta piste
Tandis que la dame soupire
Pour l'amour d'un torero.

Le cheval cherche une romance
Depuis le rejón à la lance
Et triomphe joyeux sur le sable
De la Real Maestranza.

Je vais traiter des trois éléments fondamentaux de la philosophie de ce jeu de vie et de mort.

Rêve, toreo et bravoure

On peut observer trois périodes dans les rêves des toreros.

Le rêve d'or. C'est le temps des enfants. C'est l'époque où le torero se sent le plus riche, millionnaire de cette richesse des illusions, qui dépasse les richesses matérielles.

Vivre le rêve. Cette période est celle qui recouvre ces jours pleins d'agitation au cours desquels le torero est en état de tension continuelle, résultat de la responsabilité qu'il doit assumer lorsqu'il est en activité. Bien qu'il ait du temps pour tout, il ne trouve le temps pour rien d'autre que de penser au taureau.

Ruminer le rêve. Ce temps est celui où le rêve vit avec nous ce qui a été vécu, nous parfumant des fleurs de la nostalgie.

RÊVE D'OR

Le maletilla d'or vêt
La fantaisie de son rêve,
Comme s'il était le maître
De la lune, qui est son taureau.
Il cherche le secret caché
Dans le mouvement de sa muleta.
Il sent le désir inquiet
Que l'art va distillant
Jusqu'à l'ultime surprise
De se voir avec la coleta.

LE MALETILLA

L'enfant rêve du taureau,
De la cape et des banderilles,
D'avoir une cuadrilla
Et de pouvoir s'habiller d'or
Aux arènes de Séville.

VIVRE LE RÊVE

Le torero vit un rêve
Qui modèle la bravoure.
Chaque passe est une sculpture,
Chaque appel est la gageure
De se sentir comme le maître
De l'espace de la corrida.
Il domine les assauts,
Serré dans son costume d'or,
Il semble un dieu face au taureau,
Entre la mort et la vie.

LE TORERO

Comme dans les premières années
Comme s'il vivait en aimant,
Il passe le temps sans mot dire
De la vie du torero
Qui, tout éveillé, rêve.

GERMES

C'était peut-être un mythe,
Ou bien la pure réalité…
Car, en vérité, le toreo,

Naquit dans notre Andalousie,
Enfant de la poésie
Que porte le Guadalquivir.
Le toreo, dans son expression,
C'est le vivre et c'est le mourir :
C'est mettre son cœur en balance
Et c'est leurrer sans mentir.

La source du toreo, ce sont ces gamins qui vivent dans l'ambiance taurine, qui apprennent à charger et à toréer en jouant au taureau et au torero, en imitant les corridas.

D'autres veulent faire comme leur père, leur oncle ou leur grand-père. Ce sont les membres des dynasties taurines.

D'autres y trouvent la façon de réaliser l'aspiration artistique qu'ils portent en eux.

MORANTE DE LA PUEBLA

En ta figure, le toreo devient art,
Ta sérénité nous comble d'espérance.
Ton toreo est un sillon de labour
Qui marque la bravoure à ta ceinture.

Les gradins entrent en délire,
Et la Maestranza n'est qu'une clameur,
Quand la douceur enveloppe le taureau,
Que les génies leurrent avec tendresse…

Ton inspiration navigue sur le fleuve
Et sur ton âme se pose la noblesse,
Que le public saisit en un instant…

Car *la Puebla* mit en toi sa foi même
Et du ciel de Las Marismas descend
L'écho des triomphes de Morante.

Et, finalement, ceux qui cherchent dans la tauromachie une issue économique aux difficultés familiales.

Dès que ces garçons donnent leurs premières passes, les mêmes causes donnent des effets différents dans l'interprétation du toreo, dans la volonté de dominer la charge des taureaux, et les différents styles apparaissent. Les uns se sentent plus braves que le taureau lui-même – ceux qui se basent sur le courage. D'autres dominent la force par leur propre force, par la puissance de leur muleta – les belluaires. Et d'autres modulent la bravoure du taureau par le jeu esthétique de l'art créé par les envolées du temple – les artistes.

Les artistes se définissent par la profondeur de leur toreo. Les uns appartiennent à l'École sévillane, caractérisés par cette grâce dans l'allure qui rappelle le chant par alegrías et la danse par sevillanas.

D'autres, ceux qui ce réclament du Style de Ronda, toréent par soleá et parachèvent par fandangos.

La bravoure et la férocité sont les conditions nécessaires pour provoquer la charge du toro bravo.

On donne le nom de toro bravo au taureau de combat, parce que « bravo » s'applique à ce qui est vaillant, bon, excellent, sauvage, somptueux, magnifique, à la mer furieuse, à celui qui fait un effort, à celui qui donne des preuves de courage… Et ce sont précisément ces adjectifs que nous, les éleveurs, utilisons dans le travail de sélection, pour essayer d'évaluer et de qualifier la bravoure du taureau de combat.

On applique le qualificatifde féroce au tigre, au loup, au lion… Parce que FÉROCE s'applique à la dureté d'âme, au dur, au fruste, à l'excessif, au terrible, à ce qui se comporte brutalement, sans réfléchir.

Le taureau de combat est arrivé jusqu'à nous avec sa bravoure, celle-ci compliquée par la férocité que donne le caractère instable de son comportement. Dans le terme « bravo » abonde la noblesse ; la cruauté abonde dans la férocité. C'est pourquoi on recherche la noblesse, dans la sélection du taureau, pour que la bravoure gomme la férocité.

À l'inverse, on ne pourrait pas trouver la noblesse dans la férocité.

Pour autant, le taureau ne cesse pas d'être sauvage – farouche et sans amendement – c'est-à-dire qu'il n'a pas été domestiqué et, à l'égal du cheval sauvage, il possède une noblesse malléable par la sélection de l'homme.

Davantage que dans l'arène, le taureau montre sa bravoure dans les prés, quand il s'estime vainqueur d'une bagarre, quand il ravit une vache en chaleur à ses congénères, quand il sent que ses muscles sont les enfants du printemps qui lui prête la force vive de ses couleurs, et dans toutes les circonstances où son moral trouve motif à s'épanouir, ce moral qui lui donne des ailes, jusqu'au moment où il livre sa vie, en échange de l'orgueil de sa bravoure.

La bravoure la plus pure, la plus claire et en même temps la plus agressive, je l'ai trouvée, tout comme le bonheur, dans la famille des animaux, à l'intérieur du cœur ouvert de l'immense plaine de Las Marismas.

Cette fois, dans la famille des toros bravos. Le mâle me la montra en défendant la compagnie de sa vache favorite.

Mais ce fut la vache qui me porta au-delà de mes exigences. Elle me montra que la bravoure et le courage ont la force de la pulsion secrète qui les meut. Cette bravoure sans limites que nous cherchons sans cesse. La vache venait juste de vêler et la maternité avait éveillé en elle cet engagement véritable que seule une mère peut ressentir et qui la pousse à défendre la sculpture de son ventre.

Chez les animaux, les mères savent aussi défendre leurs petits, car :

Il n'y a pas de lièvre qui court plus vite
Que la hase qui vient d'engendrer.
Et qui gagnera la bagarre
Contre une femelle acharnée
À la défense de ses petits ?

Quand on gagne la confiance du taureau ou du cheval, ils répondent avec noblesse. J'ai eu et j'ai de taureaux braves dont nous avons gagné la confiance.

Dans les prés, le taureau obéit à notre confiance. Dans l'arène, il répond à notre défi avec bravoure et courage.

Et justement, le courage annule la douleur. Le courage est un mélange de volonté et de confiance en soi. C'est pourquoi le taureau, qu'on a sélectionné pour sa propension à charger et qui est sûr de sa force, ne souffre pas. Le taureau, avec sa bravoure, et le torero, avec son désir, aspirent davantage qu'ils ne craignent.

Le torero réagit face à la douleur, en conséquence d'une disposition psychologique innée et d'une aspiration au triomphe. Cet état psychologique accroît le courage, ce mélange de volonté et de confiance en soi.

Beaucoup de gens parlent de la défense du toro bravo, mais on ne peut vraiment défendre que ce que l'on élève, que l'on possède et que l'on aime. La vie des taureaux de combat est une conséquence de leur propre mort. S'il n'y avait pas des hommes capables de les élever, de les aimer et de les tuer, cette race n'existerait pas.

Chez les taureaux, il faut distinguer la noblesse de la férocité, de l'âpreté de caractère, la couardise de la noblesse, la réserve de la couardise, la faiblesse du temple, l'épuisement de la défense de la distraction du rêveur.

LUIS MIGUEL DOMINGUIN

Feria de toros… Séville.
De Madrid vient un torero.
Qu'on ouvre la porte du toril…
Une passe de cape à genoux !
Envol des banderilles.

Elle lui lance un œillet.
Le public est avec lui.
En un mouvement de ceinture,
Il rythme et ordonne la charge,
C’est l’art de Luis Miguel Dominguín.

MUGISSEMENTS

Ils mugissent, ils sont en train de mugir,
Les taureaux qui pressentent la pluie.
Pour se défendre ils s’assemblent,
Contre le vent qui pousse
Et les nuages qui s’égrènent.
Par ce chemin, le déluge
Parviendra à l’abreuvoir
Et c’est ainsi que demain
Tous les veaux pourront boire.

APRÈS-MIDI DE SOLEIL

Taureau noir,
Noir destin
Qui, chargeant contre la vie,
Charge la mort.

La peur s'est habillée d'or,
La soie a tempéré le courage
Et le taureau, de passe en passe,
Va de l'ombre au soleil.

LE TEMPLE

Le taureau passa très lentement.
La cape le freinait
Le miracle naquit du temple
Qui surgissait de son poignet.

La sélection de la bravoure du taureau accroît sa charge et le fait se sentir sûr de lui. Paradoxalement, la mort du taureau brave est son propre triomphe, parce qu'il se sent triomphateur dans l'arène jusqu'au dernier moment. Sa soif de combattre est si forte qu'il s'enivre de sa charge pendant le combat, ce qui le rend insensible à la douleur. C'est pourquoi le taureau doit mourir dans l'arène.

Article sur le test des mâles en plein champ, publié dans l'hebdomadaire *El Redondel* de Mexico

Au printemps 1942, quand les taurillons prenaient les forces de la sève nouvelle de Las Marismas, je fus invité dans l'élevage de Concha y Sierra, pour participer à un *tentadero de machos* (test des mâles) qui avait lieu dans la propriété de La Abundancia. C'était mon premier tentadero et il marquerait donc mon ancienneté en tant que garrochista au moment d'établir l'ordre de passage lors des futurs tentaderos. Le rassemblement du bétail, surveillé par les cavaliers de Las Marismas, et les duos formés par les plus prestigieux garrochistas d'Andalousie éveillèrent en moi un profond sentiment de responsabilité, mais mon cheval Favorito, ce déjà fidèle ami, me donnait toute confiance en la réussite.

Quelques jours avant le tentadero, les taurillons qui doivent être testés sont conduits dans le pré où doit se dérouler l'épreuve pour fixer leurs emplacements de préférence et leur indiquer la direction dans laquelle ils devront courir. C'est pourquoi on les positionne à l'endroit du rassemblement d'où ils devront partir, puis on les conduit dans la direction où se tiendra le cheval de tienta. On les laisse même dormir derrière lui. Le jour du tentadero, à la pointe de l'aube, les vachers forment le rassemblement des taurillons accompagnés des bœufs d'escorte. Quand les invités arrivent, on forme les duos de cavaliers qui vont courir par ordre d'ancienneté, comme il est d'usage pour tout ce qui touche au monde des taureaux.

Ce qui explique d'ailleurs l'ordre de présentation des rejoneadores dans l'arène, puisque, comme on le sait, le toreo à cheval est historiquement antérieur à la tauromachie à pied.

Le premier duo qui intervient est appelé « de la maison », car il est normalement constitué de l'éleveur et de son conseiller technique. La raison de cette préséance tient dans le fait qu'ils doivent indiquer aux garrochistas invités l'endroit où les taurillons devront être renversés.

Celui des deux qui va exécuter l'action, c'est-à-dire pousser l'animal à la chute (*derribar*), entre dans le rassemblement, en écarte le taurillon de pointe et le fait sortir du troupeau. Celui-ci s'élance alors sur le chemin qu'on lui a préalablement appris. Le second cavalier, qu'on appelle *el amparador*, l'attend à gauche, le suit dans sa course et contrôle le taurillon de ce côté. Le duo doit être le plus uni possible et le taurillon doit aller tout droit dans la direction indiquée.

Dans le derribo, il ne s'agit pas seulement de faire tomber l'animal. Il faut harmoniser progressivement sa course, afin qu'il arrive « à point » au contact, c'est-à-dire avec assez de force pour ne pas qu'il plante ses cornes dans le sol au moment de la culbute ou qu'il accélère lorsqu'il sent la pointe de la pique.

Au moment d'exécuter la suerte, le cavalier qui effectue le derribo place la lance sur son bras gauche, le manche croisé au-dessus du cou du cheval, qui se lancera au cri de « *vamos allá* »… Le second, celui qui assure le soutien, avance sur la distance d'un demi-corps de cheval, pour forcer le taurillon sur le côté gauche. L'autre cavalier place alors la garrocha à côté du taurillon, en l'appuyant à la base de sa queue. Puis, chargeant le poids sur la jambe droite, il serre la droite pour éviter que le cheval ne s'ouvre. Manœuvrant les rênes avec doigté afin d'éviter toute violence, il s'incline en avant de façon à transformer l'angle droit que forment sa colonne vertébrale et la garrocha en un angle obtus. Toute la force est alors concentrée au sommet de cet angle, qui est le point de moindre résistance entre le pommeau de la selle et les pattes arrière du taurillon.

Dès que ce dernier est tombé, ce qui peut se produire une ou plusieurs fois – tout dépend de la vigueur de l'animal – les garrochistas le conduisent derrière le cheval de tienta, qui doit être positionné contre l'emplacement de préférence du taurillon. C'est de cette façon qu'on pourra clairement apprécier sa bravoure.

Le picador doit appeler de loin pour que l'éleveur ait le loisir de recueillir les informations sur le comportement de l'animal, à savoir : si le taureau a rapidement décidé de lancer sa charge, s'il s'est lancé avec résolution, s'il a ralenti ou accéléré l'allure en parcourant la distance entre le cheval et lui, si sa charge était fixe sur le cheval, s'il avait la tête haute ou basse, s'il a hésité et gratté le sol avant de charger, preuves de son indécision, s'il a mis la tête par terre, si, arrivé à hauteur du cheval, il a donné des coups de tête dans le caparaçon, s'il est revenu à la charge en poussant des pattes arrière, en dressant la queue et en se grandissant sous le châtiment, s'il est sorti seul du cheval ou si son assaut a faibli au contact de la pique, si, une fois retiré, il s'est ressenti des coups de pique, s'il a « meuglé », comme disent les gens de la campagne, pour appeler sa mère, s'il a montré du rythme, s'il s'est lancé avec entrain… Bref, tous les comportements du taurillon qu'on puisse enregistrer.

L'objectif du tentadero n'est pas d'éreinter les taurillons, puisqu'on ne doit pas les toréer. C'est pourquoi il faut éviter de leur donner trop de piques, qui risqueraient de leur apprendre à s'en défendre, à les craindre au moment où ils seront combattus dans l'arène, transformant un léger manque de bravoure en couardise.

Le bon éleveur doit savoir se contenter d'une seule pique et d'une deuxième charge sans le fer pour apprécier les qualités d'un animal. Il est très important, au moment où les garrochistas le dégagent du picador, de ne pas faire tourner le taurillon trop court, ce qui aurait pour effet de fléchir les muscles du cou et d'aiguiser ainsi la tendance à donner de la corne de ce côté. C'est ainsi que beaucoup de taureaux appartenant à des éleveurs inexperts sont défectueux de la corne droite.

L'idéal est que, lorsque le test est terminé, les cavaliers attirent l'attention du taurillon, pendant que le picador se retire. L'animal, quand il se retrouve seul, reste à la place qu'il avait préalablement choisie. S'il résiste à la quitter, il est préférable de lui envoyer les bœufs plutôt que de s'entêter à le forcer avec le cheval.

La note de test du taurillon est pondérée en fonction de celles qui ont été obtenues par les membres de sa famille ou, ce qui revient au même, par la lignée dont il descend. Ce système donne à l'éleveur un résultat fiable à 80 % quant au comportement face au picador dans l'arène, et à 70 % dans le cadre du combat à pied. Cependant, le principal objectif des tests de mâles est d'écarter les animaux qui seraient immanquablement fautifs en piste. On doit seulement repasser en test les taureaux susceptibles de devenir des étalons.

Aujourd'hui, on fait moins de tentaderos en plein champ, à cause de la sélection qui s'opère sur la bravoure.

Article sur les étalons

Il y a des années, j'ai écrit un article sur la chute des taureaux et la nécessité que les étalons soient sélectionnés dans les arènes, pour qu'ils puissent transmettre ce qu'ils avaient été eux-mêmes capables de supporter, depuis leur embarquement au pré jusqu'au combat en piste. Choisir pour reproducteurs des taureaux d'âge et de poids réglementaires, et non des veaux observés au campo, dont le comportement peut changer avec l'âge et le poids.

La chose a fini par entrer dans le règlement, mais pas de la façon que je suggérais.

Aujourd'hui, la décision est prise par pétition du public et approbation du président, alors que tout ce petit monde ignore ce dont les éleveurs ont besoin. Face à cette incertitude, ils ne s'exposent pas au risque d'amener aux arènes des taureaux susceptibles de devenir étalons, au détriment de la corrida.

Sur la grâce du taureau

Au printemps, les taureaux mugissent, tandis qu'ils nourrissent leurs muscles et mesurent leurs forces.

Le vert des prés est un rêve d'espérance pour certains éleveurs, qui pensent que leurs taureaux ne tomberont plus au cours du combat.

On a évoqué de nombreuses causes qui pouvaient expliquer la chute du taureau brave : le manque d'exercice, la consanguinité, les aliments composés, etc. Il se peut qu'il y ait là des facteurs d'influence, mais aucun n'est déterminant.

Ces taureaux qui tombent en piste pendant le combat, avec toutes les circonstances aggravantes qu'on voudra faire peser sur eux, sont les mêmes qui, avant d'arriver dans l'arène, ont démontré leur force dans les prés, quand ils se battaient entre eux pour établir le rang de primauté dans l'enclos et fixer l'ordre du respect, de la priorité sur les sentiers, les chemins, aux portes, sur la nourriture, l'eau, et même sur les femelles, s'ils arrivent à casser les clôtures de barbelés. Les bagarres entre eux sont comme des duels à mort, ils y versent toutes leurs forces et tout leur courage, mais, à moins d'une blessure mortelle, aucun d'eux ne tombe par terre.

Celui qui perd, vilipendé et honteux, se réfugie dans les fourrés de l'enclos. Là, il défie le vent et l'oiseau de passage qui le regarde, curieux, de ses cris, parce qu'il conserve le désir de vaincre. Dès qu'il a récupéré, il revient au combat contre ses congénères. Jusqu'à ce qu'il trouve dans la manade la place qui lui revient.

Seule la noblesse, quand elle s'épanouit, peut dominer la bravoure du taureau si l'homme parvient à gagner sa confiance. Il se laisse alors caresser, il lève la queue comme un drapeau, en signe de paix et de soumission, montrant même de la satisfaction quand on lui gratte le cuir.

Quand le taureau entre sur la piste des arènes, il se sent privé de liberté. De même qu'il s'émancipait dans l'enclos au cours des duels pour vaincre ses semblables, il veut maintenant faire briller sa bravoure face à l'homme qui le provoque. Tant que le taureau garde l'assurance et l'espoir de vaincre, il ne tombe pas. Ainsi lorsqu'il charge les chevaux de rejoneo et que ceux-ci l'esquivent sans le décourager. Sa bravoure alimente ses forces quand il voit un ennemi qui, selon sa perception, le fuit, et ses assauts lui donnent l'impression de le porter sur le chemin du triomphe.

Quand deux élevages de lignées différentes paissent dans les mêmes enclos et mangent les mêmes aliments composés, il arrive souvent que, lors du combat en piste, les individus de l'un des élevages tombent et ceux de l'autre non. Ce qui démontre que la catégorie de bravoure et les effets qu'elle produit sur l'animal influent sur sa chute.

Si on analyse ces élevages, on observe que, dans certains, les taureaux ont davantage de caractère, ils sont plus féroces, leur bravoure est plus sauvage et ils tombent moins que dans d'autres, où les taureaux manifestent une bravoure plus raffinée par l'homme, dans le but de l'adapter aux besoins du torero. Ce dernier mode d'élevage rend son système nerveux plus sensible à tout ce qui peut générer un stress.

Le système nerveux ne fonctionne pas dans l'organisme indépendamment du système endocrinien. Il existe une synchronisation parfaite entre les deux, et la relation hormonale directe conditionne, entre autres choses, la décharge d'adrénaline. L'ensemble de cet équilibre, s'il est rompu, peut provoquer, avec d'autres causes, la chute du taureau.

Un autre aspect important à prendre en compte dans la sélection du taureau est la mobilité. En fonction de l'âge et du poids, proportionnellement à la taille, du taureau, ses charges sont plus longues, sa trajectoire vers la muleta plus ou moins ample. Dans certains élevages, les novillos donnent un jeu excellent en piste pour le torero, mais on observe que les taureaux adultes n'ont pas le même comportement. Aucun doute que les parents ont obtenu des notes supérieures pour être choisis comme reproducteurs, mais j'ai la conviction qu'ils ont été testés avant l'âge de quatre ans.

J'ai analysé la chute du taureau à partir du mécanisme observé dans les prés, en tenant compte du fait que, quand les taureaux à l'état sauvage paissent en compagnie des vaches, c'est la nature elle-même qui sélectionne la race, puisque ce sont les chefs des manades, les taureaux les plus puissants, qui couvrent les vaches en chaleur.

Je crois qu'il faut continuer à rechercher au niveau scientifique, dans le monde de la génétique. Selon le docteur Antonio Rodero, professeur de génétique de la faculté vétérinaire de Cordoue, les taureaux qui tombent sont porteurs d'un gène récessif qui cause les lésions qui conditionnent le syndrome de la chute du taureau pendant le combat.

Quelles que soient les causes de la chute, je considère nécessaire, pour que les élevages de toros bravos ne souffrent pas de ces déséquilibres, que les étalons soient portés à point émotionnel identique à celui que leurs fils connaîtront, aux mêmes âge et poids qu'eux, cette succession d'événements stressants : mise en caisson, transport, contrôle vétérinaire, enfermement dans un toril sombre, dont ils sortiront quand :

Les aiguilles de l'horloge seront en croix,
Que la trompette sonnera six heures
Et que l'arène s'ouvrira en fleur,
Pour voir le taureau mourir.

Et c'est alors, quand il entre sur la piste de l'arène tumultueuse et multicolore, que le taureau doit ressentir l'orgueil de sa bravoure. Pendant le combat, ses sens ne doivent pas être affectés par la perception négative de la situation négative dans laquelle il se trouve. Car le fait est que, si le combat se jouait une autre fois, il ne tomberait plus.

L'un des critères essentiels dans le choix d'un étalon est la prise en compte de sa bravoure. Si les éléments aptes à cette appréciation sont pris pendant le combat formel, je crois qu'on aura recueilli un élément important pour la corrida. Ensuite, la descendance confirmera si le reproducteur doit continuer ou non à énamourer des vaches.

Tous ces arguments, je crois, doivent pousser à réglementer la possibilité de gracier le taureau dont l'éleveur aurait besoin pour le bien de notre fiesta. On sait bien que certains éleveurs abuseraient en graciant beaucoup de taureaux pour leur propre publicité, mais il faut rechercher des solutions pratiques, elles existent, et faire face à la réalité.

Presque toutes les lois peuvent être contournées, même si on essaie d'y remédier, mais ce n'est pas une raison pour qu'elles doivent cesser d'être appliquées, car elles vont toujours dans un sens positif.

Beaucoup diront :

Qu'une partie du public préfère voir mourir les taureaux à l'épée.

Que le combat des étalons doit être différent.

Que trop souvent les éleveurs sauveront des taureaux de lignée médiocre, s'ils sortent bons, pour se faire de la publicité.

Qu'il y aura des toreros qui préféreront tuer tous les taureaux et ne pas simuler la mort de l'un deux, en cas de grâce, etc.

L'une des nombreuses solutions, qui ne tromperait personne et donnerait même davantage d'intérêt à la corrida, pourrait être d'annoncer sur les affiches les numéros des taureaux qui auraient le potentiel d'être graciés. Ces numéros seraient fournis par l'éleveur qui connaît ses lignées et sait le phénotype qu'il recherche.

Les vétérinaires se limiteraient à approuver ou non la morphologie et le poids qui permettent de combattre les taureaux dans une arène de première catégorie, quelle que soit par ailleurs la catégorie de l'arène où ils devraient être combattus.

Les matadors livreraient le même combat à ces taureaux que s'il s'agissait d'une corrida normale. Comme ce ne serait pas une compétition de taureaux, mais une sélection d'étalons, c'est l'éleveur qui devrait assumer la responsabilité de demander la grâce, sachant ce dont son élevage a besoin. Mais le nombre de graciés ne devrait jamais excéder les trois taureaux pour chaque troupeau de cent vaches de ventre et par période de trois ans.

Beaucoup d'éleveurs ne seront pas d'accord avec moi à propos de la grâce du taureau dans l'arène. Ils penseront peut-être qu'ils n'en ont pas besoin pour leur élevage. D'autres auront la crainte que, parmi les exemplaires choisis, ne se trouvent pas les meilleurs taureaux de la corrida, chose qui peut évidemment se produire. Mais c'est justement dans cette inconnue que résident la complexité et l'intérêt de la sélection de la bravoure. Néanmoins il existe probablement une majorité qui considère que les grâces sont nécessaires. Car tous, éleveurs et aficionados, rêvons souvent du taureau qui ne devait pas mourir.

Le taureau gracié devrait couvrir au moins un an dans l'élevage et d'autres éleveurs, en fonction de leurs effectifs, pourraient choisir dans l'arène des étalons de différentes provenances.

Lettre à don Gregorio Corrochano

Publiée dans l'hebdomadaire Dígame, *dans les années 1950, à propos de l'épointage des cornes des taureaux de rejoneo.*

L'illustre et vénérable critique taurin don Gregorio Corrochano a publié, dans le *Blanco y Negro* du 13 décembre, l'article « Projet de règlement », dans lequel, à propos des taureaux pour le rejoneo, il évoque les temps où l'on combattait des taureaux en pointes et où le rejoneador participait au tirage au sort avec les matadors à pied annoncés pour la corrida.

Naturellement, don Gregorio, fidèle à son ancienneté, considère que le temps passé était meilleur et il maintient que, aujourd'hui, les taureaux pour le rejoneo doivent avoir les cornes intactes ou être emboulés.

En dehors du fait que le règlement taurin lui-même, dans son article 27, reconnaît déjà que « l'application de boules sur les cornes ne correspond pas au goût du public espagnol », il faut ajouter que le fait de couper les pointes des taureaux pour le rejoneo n'est pas précisément une invention des rejoneadores destinée à réduire leur risque personnel ou à chercher des facilités et des avantages dans l'exercice de leur profession.

Non. L'épointage des cornes de taureaux pour le rejoneo relève de la même démarche « d'humanisation de la corrida » qui a conduit à l'adoption du caparaçon protégeant les chevaux des picadors et évite ainsi le spectacle de ces montures éventrées et sanglantes qui blessait la sensibilité de la majorité des spectateurs.

Et l'on est arrivé ainsi, avec grande raison, à réduire autant que possible la souffrance de ces chevaux, qui trop souvent sont des animaux déjà malades, ou défectueux, ou inaptes à tout autre usage. Et ne faudrait-il pas aussi pour protéger autant que possible les chevaux pour le rejoneo, qui sont des animaux sélectionnés, les meilleurs de leur espèce, et dont le dressage exige une longue, difficile et coûteuse préparation ?

Nous devons ajouter une chose très importante, que don Gregorio semble oublier, ou qu'il ne veut pas mentionner, dans son ode enthousiaste au passé. C'est que le toreo à cheval, le rejoneo, comporte un risque bien supérieur à ce qu'il en était pour le rejoneo d'antan. Car, en ces temps bénis, le cheval courait « devant le taureau » ou « parallèlement » à lui. Aujourd'hui, on torée « de face », c'est-à-dire en menant le cheval « face » au et en direction du taureau. Ce en quoi le toreo à cheval peut se comparer à la meilleure tauromachie à pied, que les canons classiques définissent en disant « le matador doit se placer de face et dans la droite ligne du taureau »…

Nous savons tous que le choc de la rencontre de deux forces en mouvement est beaucoup plus violent quand il se produit de face. Il est moindre lorsque les deux protagonistes se percutent latéralement ou qu'ils vont dans la même direction.

Ainsi donc, avec notre Don Juan Tenorio, nous conseillons à l'illustre ancien de « laisser gésir en paix ceux qui sont avec Dieu ». Car, je ne veux pas dire que, s'ils revenaient aujourd'hui à la vie et au toreo, les toreros d'antan ne seraient pas capables d'égaler et même de dépasser les toreros actuels. Ils le feraient certainement, car, comme les temps ont changé, ils devraient toréer comme on le fait actuellement. Mais c'est justement parce que les temps ont changé que nous n'avons pas à nous mettre à la mesure du passé et nous obstiner à vouloir vivre aujourd'hui comme hier, ce qui équivaudrait à nier le progrès, ressort de la nature humaine.

Don Gregorio présente comme un mérite insigne le fait que les rejoneadores participent au tirage au sort des taureaux dans des conditions d'égalité avec les matadors. Il aurait absolument raison si, aujourd'hui, les conditions économiques des corridas dans lesquelles intervient un rejoneador étaient les mêmes que jadis.

Mais, de nos jours, les organisateurs de spectacles taurins n'achètent plus des corridas de huit taureaux, dont deux attribués au rejoneador. La pratique actuelle est de réserver un seul taureau au rejoneo et, naturellement, cet exemplaire unique ne peut former un « lot » avec ceux des autres matadors. Sans compter que les éleveurs profitent de la vente de taureaux destinés au rejoneo pour fourguer des animaux porteurs de défauts, borgnes, avisés, et même de demi-caste. Les directeurs d'arènes l'acceptent parce qu'ils les paient à moitié prix.

Passons sur l'impropriété qui consiste à qualifier de « mutilé » un taureau à qui aucun membre ne manque. Nous ne croyons pas nécessaire de rappeler au bon don Gregorio que ces taureaux « mutilés », comme il appelle les animaux « épointés », ont donné – et pas seulement aux chevaux des rejoneadores – ce terribles coups de cornes, et que leur tragique bilan compte nombre de victimes définitives.

Par ailleurs, il est puéril de faire la distinction, comme c'est le cas dans l'article cité, entre les chevaux qui ont la queue libre, coupée ou tressée.

Comme l'authentique toreo à cheval – il faut insister là-dessus – se fait de « face », la queue, qui va naturellement derrière, ne sert pas de défense, et on ne torée pas avec elle. Car, quand le rejoneador croise et esquive la charge du taureau, il torée avec le corps du cheval et non avec sa queue.

Dans les prés, les chevaux ont la queue coupée ou tressée pour éviter qu'elle ne se salisse de boue. D'ailleurs, cet exemple n'est pas valide car, dans les prés et les élevages, les chevaux ne toréent jamais. On court avec eux, à la défensive, en s'écartant du taureau sans le toréer, afin qu'il ne prenne pas de mauvais plis.

Exactement le contraire de ce que fait le rejoneador dans l'arène, où l'on peut dire que c'est le cheval qui prend l'offensive, puisqu'il va vers le taureau, qu'il provoque sa charge et qu'il la feinte, grâce aux recours du dressage et du toreo.

En résumé, les cornes sont épointées pour protéger autant que possible le cheval, puisque le rejoneador n'utilise ni cape ni muleta. Et aussi pour compenser le risque que le taureau ne blesse cette masse de 500 kilos qui court vers lui.

Et, pour apporter la note finale, qu'on me permette de dire à don Gregorio que, sur cette question de la révision du règlement taurin, il a oublié un point beaucoup plus important que l'épointage ou l'emboulage des cornes des taureaux. Ce point très important concerne la réglementation de la taille, de la dimension exacte que doivent avoir les rejónes qu'on appelle « de châtiment » et dont l'usage doit se limiter à produire le même effet que les piques des picadors : fixer le taureau et tempérer ses charges.

Or, aujourd'hui, on utilise abusivement un rejón sans butoir, appelé « canino », dont la mission est de tuer lentement le taureau, pendant que le rejoneador exécute les autres suertes. C'est-à-dire qu'on soumet le taureau, pratiquement dès son entrée en piste, à une agonie progressive, pour faire ensuite croire qu'il est tombé au premier rejón de mort.

En résumé, cher don Gregorio : personnellement, et parce que je ressens une passion enthousiaste pour les chevaux, il me semble juste que les cornes des taureaux pour le rejoneo soient épointées. L'habileté et l'art du cavalier résident dans la maîtrise du cheval face au taureau. C'est la règle fondamentale du rejoneo, qui s'applique dans tous les cas, puisque le cheval ignore si les cornes du taureau sont épointées ou non.

Avec mon souhait que les souvenirs du passé ne vous empêchent pas d'apprécier tout le bon du présent, votre lecteur attentif, cher don Gregorio, vous salue affectueusement.

Ángel Peralta

Au fil du temps que j'ai passé dans les arènes, je me suis rendu compte que l'art du rejoneo consiste à soumettre le cheval à la volonté de l'homme, devant un fauve tel que le taureau.

Comme le cheval ignore si les cornes du taureau sont en pointes ou si elles sont « arrangées », le mérite du cavalier qui obtient cette soumission est le même dans les deux cas. Ce qui implique simplement que le risque est plus grand pour le cheval seul, sans que le cavalier doive démontrer davantage de qualités.

En résumé, le refus de l'épointage expose le cheval pour flatter la vanité du cavalier.

TOREO

Le toreo est fils d'un rêve, rêveur.
Le toreo c'est vivre le rêve, avec amour.
Le toreo c'est rêver la vie, avec illusion.
Le toreo c'est revenir vers le passé,
triomphateur.

Le taureau est entré dans le toril,
Son poil s'est obscurci
Et la mort l'attendait
Assise face à l'horloge.

Et les aiguilles en croix…
La trompette chante six heures

Et l'arène s'est faite fleur
Pour voir le taureau mourir.

Il a semé la bravoure sur la piste,
Baptisé le sable de sang.
Il est mort en chargeant contre la mort
Et dessinant la faena.

Les gènes des familles de toreros renaissent dans le temps.

JOSELITO

« Huerta del Algarrobo », rêveuse,
Seuil de la haute cime du toreo,
De Gelves à Séville vint le désir
D'ouvrir une aurore neuve pour la Fiesta.

L'arène sévillane garde encore le trésor
Des passes qui estampent ton allure.
Ton apogée fit briller l'Âge d'Or,
Par ta puissance, que la passion majore.

Ton corps se couvrit de bleu et or :

Le ciel et son soleil… Toi, face au
taureau,
Gagnant sa charge au fauve.

Tu naquis avec ton destin déjà écrit
Et Bailaor marqua ton triste sort
Quand tes forces coulaient par la
blessure.

On est d'où on vit et on garde les traces de l'endroit où on est né.

Récits du campo

Où est le bonheur ?

La saison venait de s'achever, les applaudissements de tant de belles dames voletaient encore autour de moi, en écho rond, comme s'ils venaient d'une arène.

Où est le bonheur ?

Un jour où je contrôlais le bétail dans Las Marismas, mon cheval se sentit fatigué. Je m'arrêtai avec lui, espérant que l'air marin du soir, qu'on appelle « marea », nous apporterait la fraîcheur de la mer.

Une voix, qui semblait sortir d'un hennissement las, me dit :

— Je suis fatigué. Je suis déjà vieux et tu devras bientôt me remplacer par un autre. Je n'en peux plus de la responsabilité des corridas.

Je caressai sa crinière et les tapes de ma main éveillèrent son attention. Il m'écoutait…

— Tu n'auras plus à te battre contre les taureaux. J'ai préparé pour toi un box tout confort. J'y ai mis un lit de foin. Il est revêtu de bois pour te protéger de l'humidité et l'abreuvoir est rempli d'eau claire. J'ai planté des betteraves dans le jardin, pour que tu n'en manques jamais…

La voix continua :

— Je préfère revenir sur cette terre où je suis né, courir sans rênes, marcher sans bride, même si je dois supporter le vent, le soleil et les tempêtes. Regarde ces poulains ! Vois leur figure ! Ils batifolent gaiement dans la plaine. S'ils étaient dans un box, aussi beau qu'il soit, ils ne pourraient pas faire ça.

Mon sourire recouvrit Las Marismas, puisque mon cheval savait où était le bonheur.

Un oiseau volait au-dessus de nous, attendant que nous partions pour picorer les miettes de pain.

— Où est le bonheur ? lui demandai-je.

— Moi, je l'ai trouvé dans mon nid. Il ne tient pas plus de place qu'une trace du sabot de ton cheval et il est défendu par une muraille de fleurs.

Nous continuâmes notre chemin… Des cerfs couraient par-là.

— Où est le bonheur ? leur demandai-je.

Les traces de leurs courses avaient la forme de flèches, toutes dirigées vers leurs bois, là où ils savaient le trouver.

Tous les animaux que nous rencontrions me faisaient comprendre où était le bonheur.

Le vent de la mer me ramenait des souvenirs de ma vie. Ils étaient si nombreux, venus de lieux si lointains, que ma confusion assombrissait cette tombée du soir.

Nous arrivâmes devant les cabanes de Veta-de Piedras. Devant la porte de l'une d'elles, un enfant jouait. Sa mère chantait gaiement en étendant le linge. Son mari, un vacher, revenait de contrôler le bétail, les sacoches à la croupe de son cheval, un sourire aux lèvres, brûlé de soleil. Je ralentis le pas de mon cheval. Le pain familial sortait du four. Je m'approchai, lentement…

Je pénétrai le regard de chacun d'eux et je n'eus plus à me demander où était le bonheur…

Il y a des pensées qui viennent, que l'on vit seulement dans la paix de cette plaine de Las Marismas.

C'est que, parfois, nous demandons tant au bonheur qu'il se défigure et nous ne le reconnaissons plus.

30 octobre 1968

Cucharero

Cucharero, livre d'Ángel Peralta, édité en France au printemps 1995.

Préface

C'est aux flancs de son cheval qu'Ángel Peralta vit la poésie. Il la vit intensément, passionnément : mais il est aussi un prosateur agréable et facile, dont le style clair s'attache à rendre la réalité des choses. Il maîtrise la langue de sa terre, qu'il emploie pour dire son existence dans Las Marismas du Guadalquivir.

Ce génial Centaure de Las Marismas, comme l'a appelé don Antonio Pérez Tabernero, est uni à perpétuité à son cheval. Il guette, sur l'horizon infini, les mirages de ces plaines immenses. Il écrit dans sa tête, au rythme du mouvement du mosquero de son cheval.

En plus, Ángel, tel un autre saint François d'Assise, est un écologiste moderne. Il aime et défend la Terre et les animaux qui la peuplent... Il parle au taureau et au cheval, il les caresse, aussi du regard, et partage avec eux tant d'heures de sa vie...

Il nous offre ici deux magnifiques récits, intitulés *Cucharero* et *L'oiseau et le taureau*, fruits de son existence par les prés.

Dans le texte de *Cucharero*, le taureau est peint dans sa dignité et le personnage de Manuel, le mayoral qui sut si bien comprendre la vie et les sentiments du toro bravo, est magnifié.

C'est un autre ton qui se dégage du conte *L'oiseau et le taureau*, celui de la fable dans le plus pur style classique, remplie d'une émotion sincère… Ici, les animaux les plus caractéristiques de nos contrées s'unissent pour défendre le taureau brave. Or, moralité finale, c'est pourtant l'animal au monde qui en a le moins besoin.

En Andalousie, les éleveurs pratiquent la tienta des jeunes mâles par acoso y derribo en plein champ, pour mesurer leur bravoure. Un cavalier, aidé d'un second en soutien, poursuit le taurillon et le renverse. Lorsque l'animal se remet sur ses pattes et charge, il exprime sa bravoure dans l'enclos. Selon la façon dont il attaque le picador, l'éleveur lui donne une note. Toutes les informations recueillies pendant le tentadero, ajoutées aux éléments de sa lignée familiale et de son aspect physique, permettront de déterminer s'il sera combattu comme taureau adulte, comme novillo, ou envoyé à l'abattoir.

La tienta a lieu au printemps, lorsque le bétail trouve dans l'herbe tendre un sang nouveau. Pour l'éleveur, le plus important est de découvrir les taureaux couards.

C'est un moment très important pour les éleveurs, en particulier pour ceux qui n'ont pas fixé définitivement la bravoure de leurs bêtes.

Les taurillons nés d'un nouvel étalon suscitent le plus grand intérêt chez l'éleveur.

L'histoire du taureau *Cucharero* a commencé dans la propriété de Veta de Piedras, où paissent les bêtes du marquis de Casaalta.

Nous, ceux du village, n'en avons rien su avant un certain jour d'automne.

C'était le 15 octobre de cette année-là et les étangs n'étaient pas asséchés. On allait réaliser le test des mâles. Dans Las Marismas, là-bas en Basse Andalousie, le temps se mesure à la distance qui sépare le soleil de la plaine immense.

Le soleil se levait tout juste dans le ciel de Veta de Piedras quand notre groupe de garrochistas, formé de vachers et d'amateurs des alentours, arriva. Les taurillons entraient peu à peu dans l'enclos du Pozo del Cangrejo, par le couloir qui sert au tri des bêtes.

À leur tête venaient les bœufs, avec leurs robes aux couleurs si variées. Chacun portait au cou la cloche dont le son marquait sa place dans la manade. Les sonorités fines de ceux qui vont devant servent à guider les taureaux, alors que ceux de derrière sont équipés de grosses sonnailles dont la musique grave engourdit et invite les taureaux à avancer tranquillement.

Les chevaux étaient déjà sellés, prêts pour la tienta. Ils étaient impeccablement bouchonnés et on les sentait impatients d'entrer en lice. Il ne restait plus qu'à serrer les sangles et mettre pied à l'étrier. Les garrochas, terminées par des fers et à la garde de corde, d'une longueur de 3,45 mètres, étaient appuyées à la clôture. On aurait dit les lances d'un tournoi.

Manuel, le mayoral, l'homme qui connaît le mieux les bêtes et que les bêtes reconnaissent, attendait sur son cheval, l'œil sur son carnet de notes.

— Dieu vous garde ! Vous êtes de bien bonne heure, dis-je au groupe de vachers qui composait l'équipe nécessaire au bon déroulement de la tienta.

Pendant que le marquis arrivait, accompagné d'autres garrochistas de la ville, je m'entretins de choses et d'autres avec Manuel : du bétail, de la pluie, la sempiternelle conversation des campagnes. Il me précisa :

— On va faire courir seize taurillons. Ils sont assez bien en chair. Ils ont passé l'été dans un enclos que je leur avais arrangé au printemps dernier.

— Et ils ont marqué leurs préférences dans le pré ?

— Je crois que oui. Ils se sont baladés par ici pendant toute la semaine dernière. Et je les ai conduits de l'enclos de Marilópez, où ils ont grandi, jusqu'au lieu de rassemblement. Et, le soir, je les ramenais à l'enclos.

— Comment est le champ pour la course ?

— Plat comme la paume de la main. On a mis un drapeau pour signaler les trous, vers le Brazo del Travieso, des fois qu'un cheval se fourre par là-bas et fasse la cabriole !

— Manuel, j'ai remarqué qu'on décèle mieux la bravoure des taureaux les jours comme aujourd'hui, avec cet air comme assoupi, quand le soleil dessine l'ombre des oiseaux à la surface de l'eau. Ces jours-là, on peut se concentrer plus facilement et les taurillons ne sont pas gênés par les intempéries. Les animaux sont comme nous, le climat peut avoir une influence sur eux.

— Bien sûr que oui, s'exclama énergiquement Manuel, mais allez faire comprendre ça aux gens de la ville. J'en ai bavé pas mal, avec ça. Aujourd'hui, justement…

Manuel voulait certainement me raconter quelque chose d'important, quelque chose qui le préoccupait, mais l'arrivée du marquis et de ses invités interrompit notre conversation.

On organisa les duos de cavaliers. Ils interviendraient par ordre d'ancienneté, comme tout ce qui se fait dans le toreo.

Manuel, le mayoral, et son « vacher assistant », le duo de la maison, firent courir le premier taurillon. Ils devaient montrer aux autres de quelle façon l'éleveur voulait qu'on fît courir les bêtes.

Le deuxième taurillon, à la robe noire rayée de gris, échut à don Ignacio Sánchez Ibargüen, soutenu par Juanillo El Pelele.

Le troisième me revint… Et ainsi de suite.

Je restais un peu en retrait, fasciné en observant la façon dont les taurillons s'élançaient et fonçaient contre le picador, sans broncher sous le poids ou la douleur du châtiment.

La bravoure du bétail valut des félicitations continuelles à monsieur le marquis.

Manuel, serré dans son costume andalou, semblait prêt à éclater de satisfaction.

À la fin du tentadero, le cri repris en chœur de « Vive la Vierge du Rocío ! » parcourut Las Marismas. C'est la coutume pour remercier le Ciel quand aucun accident n'a assombri la journée de travail.

Dans la loge de l'éleveur, on trinquait, on portait des toasts de félicitations. Tout le monde discutait avec ardeur pour déterminer quel avait été le meilleur des taurillons.

Moi, j'observais et je réfléchissais. Je trouvais très bizarre que ces taurillons eussent été soumis aux tests avant la période habituellement propice. Mû par la curiosité, je dis :

— Monsieur le marquis, c'est la première fois qu'on fait courir les jeunes mâles avant le temps. Depuis que vous nous avez invités, nous en sommes tous intrigués. Mais encore plus maintenant que nous avons vu comment ils sont tous sortis nobles et braves.

Le marquis, plein de ferveur, me répondit :

— Je n'aurais jamais cru qu'il fût possible pour un taureau de charger avec une telle noblesse, un tel style, une classe pareille. Je me risquerais presque à dire que ces taurillons sont même capables d'éprouver des sentiments.

Tout le monde éclata de rire, les gens un peu gênés, cependant, d'entendre ces mots sortir de la bouche de monsieur le marquis.

— Oui, des sentiments ! reprit Manuel avec ardeur. Pourquoi monsieur le marquis hésiterait-il à dire que les animaux sont capables de sentiments ? Si ces messieurs me le permettent, et avant de blaguer sur les sentiments des animaux, je voudrais qu'ils entendent l'une des histoires que j'ai vécues ici, sur cette terre, parmi les taureaux.

Désormais, les rires s'étaient tus. La passion du mayoral en avait eu raison.

Manuel retira son chapeau. De l'autre main, il attrapa son canon de vin et poursuivit :

— L'année des oies sauvages. Ces messieurs se souviendront que, le 28 décembre de cette année-là, le temps fut bien le seul à célébrer les Saints Innocents. La tempête arriva d'un coup. Le vent du sud retenait les eaux. Au matin, la rivière Quema et le bras du Guadalquivir avaient débordé et leurs eaux déchaînées couraient dans les salicornes.

Les bêtes, fuyant l'inondation, s'étaient rassemblées et, tournant le dos à la tempête, elles attendaient que nous allions les secourir. Nous les conduisîmes à la Dehesa de Pichardo.

À certains moments, le bétail devait nager pour traverser le courant. Les veaux s'étaient regroupés, apeurés, beuglant après leur mère. Les vachers les ramassaient et les portaient dans des sacs pendus à leurs montures.

La vache Cucharrera, qui venait de la lignée la plus pure de l'élevage, se mit à vêler dans l'eau et donna le jour à un magnifique veau noir zain. Elle chargeait pour défendre de ses cornes le fruit de ses entrailles, tandis que nous tentions d'attraper le petit, qui était sur le point de se noyer.

Je réussis à écarter la vache, collée à la croupe de mon cheval, et le vacher put prendre le veau et le placer devant sa selle. Nous continuâmes vers la bande de terre où se trouve la cabane de Pepillo, poursuivis par la vache qui réclamait son petit. Qui, à son tour, beuglait après elle.

Arrivés derrière la cabane de roseaux au toit de joncs, nous lâchâmes le petit Cucharero (les veaux héritant du nom de leur mère). La vache s'approcha de lui et se mit à le nettoyer avec sa langue.

Il n'y avait là qu'une mangeoire et le grain de l'année pour le cheval. À partir de ce jour, Pepillo en fit scrupuleusement le partage, donnant d'abord à manger à la vache, puis au cheval. Un soir, de retour d'une visite aux enclos pour voir si le niveau d'eau avait baissé, Pepillo attacha son cheval à la porte de la cabane. Il donna de la nourriture à la vache et entra dans sa demeure typique pour y casser une graine. En ressortant, il remarqua qu'il ne restait plus que le licol sur le pieu où il avait attaché son cheval. Pepillo ne s'en étonna pas outre mesure : sa jument faisait souvent ça.

Mais ce qui l'épata vraiment, ce fut de la voir en train de piquer dans la mangeoire de Cucharrera. La vache, qui avait compris que le cheval avait aidé à leur sauver la vie, le respectait. Et le cheval ne bronchait pas pendant que le veau jouait autour de lui, comme s'ils étaient de vieux amis.

Pepillo continua à les nourrir ensemble. Quand je lui apportais du fourrage, nous les regardions par la fenêtre de la cabane, prenant plaisir au spectacle de cette amitié qui unissait des êtres si différents dans la solitude de Las Marismas.

De retour au village, après avoir salué monsieur le marquis, j'essayai de lui raconter ce que j'avais vu. Je commençai, sur le mode affirmatif :

— Les animaux ont des sentiments ! Vous…

Il ne me laissa pas continuer.

— Mais, Manuel, tu es devenu fou ? Comment peux-tu raconter ces histoires à dormir debout ?

Il ne me comprenait pas. Mais, moi, je comprenais la réalité, un peu mieux chaque jour.

Au retour des vaches et de leurs petits à la Veta de Piedras, le printemps avait repeint le paysage. Tout, dans la plaine, paraissait nouveau.

Cucharero fut immédiatement admis comme le chef des veaux par ses congénères. Il était le plus fort, parce que sa mère et lui avaient reçu les meilleurs soins.

Quand un veau folâtrait près de lui, il prenait toujours garde à ne pas l'importuner, évitant de se faire envoyer dans l'étang d'un coup de tête.

Quand nous passions le troupeau en revue, le vacher me disait :

— Regardez Cucharero, Manuel. Ça va faire un sacré taureau !

Comme tous les ans à la descente de l'été, pour la Saint-Michel, nous conduisîmes les vaches à la propriété en vue de séparer les veaux de leur mère et de les marquer.

Les veaux causent toujours du tintouin avant d'accepter de quitter leur mère. Quand vint le tour de Cucharero, il se mit à courir comme un lièvre et les chevaux s'épuisaient à le poursuivre. Il avait déjà toutes les manières d'un petit taureau.

Dans l'enclos de travail, qui est le mieux adapté aux opérations de sevrage, les mangeoires sont peu nombreuses. Les veaux devaient se mettre à deux ou trois ensemble pour y prendre la nourriture. Tous, sauf Cucharero, qui était le seul à s'installer à la mangeoire proche de l'abreuvoir. Tous le respectaient, et il était facile de comprendre qu'il était le chef absolu de la petite troupe.

Quand il mangeait, personne ne s'approchait de lui, mais si des étrangers venaient près de l'enclos, tous les veaux se plaçaient derrière Cucharero. Et Cucharero les protégeait. On le voyait aller d'un côté à l'autre, la tête dressée, comme en défi au danger que ressentaient les autres veaux.

Avant la Toussaint, on amena les juments de l'enclos de La Algaida pour sevrer les poulains. J'étais occupé à tailler les crins du poulain de Cariñosa, qui avait le même tempérament que sa mère, et le petit cheval commença à se débattre. J'avais déjà taillé sa crinière, j'en étais à la queue quand il lança une ruade et se brisa une jambe au-dessus du boulet.

Dans cette maison, il faut des animaux en bonne santé, qu'on puisse utiliser aux travaux des prés. Je savais que le poulain partirait à l'abattoir.

Je le cachai donc dans un des réduits du toril. Avec des roseaux et de la toile de sac, je bandai la jambe pour faciliter la soudure des os.

L'inquiétude me tint éveillé toute la nuit. Je me demandais où cacher le poulain pour que monsieur le marquis ne le découvre pas avant sa guérison. Le seul endroit que je pus trouver fut l'enclos de sevrage, où se trouvaient les veaux qu'on venait de marquer au fer. Monsieur le marquis aime montrer aux amis qui lui rendent visite à la propriété les plus beaux des taureaux de l'élevage, ceux que l'on prépare pour la corrida et dont l'allure imposante le rendait fier. Les jeunes veaux, d'habitude, on les oublie : dans l'élevage, ils sont encore si insignifiants. Je pus conduire

Cariñoso, boitant bas derrière sa mère, jusqu'à l'endroit où se trouvaient les veaux.

Quand il fut seul, le cheval regarda de tous côtés, comme désorienté. Il hennit inlassablement pour appeler sa mère. Mais la jument était déjà loin, de retour dans son enclos de La Algaida.

Ce jour-là, je le passai à observer l'enclos depuis la barrière. Quand Cariñoso commença à avoir faim, il se dirigea vers l'une des piles de pierre où les veaux mangeaient. Ils lui tombèrent aussitôt dessus, pour l'empêcher d'approcher. Le pauvre poulain fit plusieurs tentatives vaines.

L'après-midi avançait. J'envisageai de le reprendre mais, comme il n'y avait pas d'endroit plus propice où le cacher, je décidai finalement d'attendre un peu.

Il restait à Cariñoso une possibilité : essayer de manger avec Cucharero. Le cheval le regardait. Il le voyait fort, sérieux, avec un air « mâle », il observait le respect que tous les autres lui témoignaient. S'il ne laissait pas approcher ceux de sa propre race, pensait-il, pourquoi le ferait-il pour lui ?

Finalement, Cariñoso commence à avancer lentement, en traînant sa petite jambe, vers la mangeoire de Cucharero. Le veau lève la tête et le regarde fixement. Le cheval l'observe et regarde autour de lui. Cariñoso s'arrête. Cucharero s'approche de la pile pour boire. Cariñoso en profite pour s'approcher de la mangeoire. Cucharero revient, sa bave blanche lavée par l'eau claire. Il regagne sa pile et se trouve face au poulain. Ils se regardent mais aucun des deux ne bouge pendant un moment. Le poulain allonge le cou et Cucharero l'observe. Cariñoso prend une première bouchée de grains.

Cucharero venait de se souvenir de l'époque où sa mère mangeait sa nourriture en compagnie de la jument de Pepillo, et il eut pitié du poulain. Cariñoso se sentait en sécurité à côté du veau, parce que les autres ne pouvaient pas le molester, lui qui était si vulnérable avec sa petite jambe entravée. De ce jour, le poulain devint la mascotte de Cucharero.

Lorsque monsieur le marquis revint à la propriété, quelques mots m'échappèrent, avant même de lui présenter mes devoirs. Je voulais lui faire part de ce qui ne cessait de m'angoisser.

— Monsieur le marquis, les veaux aussi éprouvent des sentiments.

— Voyons, Manuel, tu recommences avec ces bêtises ?

Je restai figé, je n'avais plus le courage de lui raconter ce qui s'était passé avec Cariñoso. J'avais peur qu'on m'enlève le cheval. Ma seule chance aurait été de le convaincre que tous les animaux étaient capables de sentiments… Mais c'était impossible, j'avais échoué.

Passé la Fête des Rois, j'enlevai le bandage de Cariñoso. La fracture était guérie, mais il boitait encore beaucoup. À la fin de l'hiver, je conduisis les veaux devenus des taurillons à l'enclos de Marilópez. Cariñoso était avec eux et ne quittait plus son grand ami Cucharero.

Le printemps arriva et il fallut soumettre les taurillons à la tienta. Ils étaient déjà de beaux petits mâles de deux herbes.

Ce jour-là, Cariñoso se retrouva seul pour la première fois. Cucharero était parti le dernier et, profitant d'un moment d'inattention des cavaliers, il était même revenu vers le cheval. Nous le reprîmes cette fois avec les bœufs, et le poulain resta à hennir à la porte de l'enclos. Pendant la tienta, il me revenait de faire sortir le premier taurillon. Ce que je fis avec Cucharero, pour lui permettre de retrouver rapidement son compagnon.

Renversé une première fois, Cucharero se releva pour attaquer. Et il livra une jolie bagarre contre le picador. Nous essayâmes ensuite de le faire entourer par les bœufs, pour le renvoyer à l'enclos, mais le taurillon se déroba. Il attaqua alors mon cheval et je réussis à l'emporter dans le pré. Cariñoso nous vit arriver de loin, et il trouva un passage et vint vers nous. Pepillo était avec moi. Nous connûmes un moment de frayeur. Nous redoutions que Cucharero, fâché, ne reconnaisse plus son ami. En galopant vers lui, Cariñoso sautillait de joie. Et notre satisfaction fut grande de voir que la bravoure cédait à l'amitié. Le taurillon, qui avait chargé contre tous les chevaux lors de la tienta, ralentit en s'approchant de Cariñoso, et tous deux se perdirent dans la plaine, laissant derrière eux les mirages du rêve. Je demandai à Pepillo de garder le secret sur ce qui venait de se passer. Je voulais encore convaincre monsieur le marquis que les animaux peuvent avoir des sentiments, mais jamais je n'eus l'occasion de raconter cette histoire, qui s'était gravée si profondément en moi.

— Encore avec tes sottises ? me répondait-il à chaque fois.

Sur mon carnet de notes, qui est ici, j'avais écrit : « Taureau supérieur ; renversé une fois ; se retourne rapidement ; charge avec ardeur de très loin, tête basse, queue dressée ; grande caste ; revient, se place loin ; sa charge s'améliore et se tempère ; il attaque fixement, sans reculer d'un pouce ; grande noblesse.Ne suit pas les bœufs (la suite est biffée, par crainte qu'on se moque de moi). Cariñoso est venu à sa rencontre, il ne lui a fait aucun mal et ils sont repartis ensemble. Il a bon cœur ! »

Cucharero fut ensuite sélectionné comme étalon, et il fallut le conduire à l'enclos à fourrage, là où se trouvent les taureaux. Mais Cariñoso ne pouvait le suivre, car tout le monde, dans l'élevage, aurait découvert son infirmité.

Resté seul dans l'enclos, le cheval se mit à dépérir, à un tel point, d'ailleurs, que cela me parut excessif, quelle que fût son affection à l'égard de Cucharero. Je n'allais pas tarder à tout comprendre.

L'été était presque là. Le bétail somnolait autour de l'unique puits d'eau douce de l'enclos. Le cheval n'osait pas s'en approcher, et il était obligé de boire l'eau salée des marais de Travieso. Cariñoso souffrait encore de sa jambe cassée et boitait un peu. Assez en tout cas pour ne pas que je le laisse à la ferme, de peur que monsieur le marquis ne le remarque.

L'idée de pouvoir m'en servir pour transporter les sacs de grain destinés aux taureaux me donnait du courage. S'il travaillait, on serait bien obligés de le garder.

Le cheval et le taureau se rencontrèrent donc à nouveau. Pendant que l'ouvrier distribuait le grain, le cheval allait jusqu'à la pile de Cucharero et mangeait avec lui, malgré sa taille impressionnante. Cucharero était presque un taureau adulte, qui imposait le respect. J'étais désormais tout à fait convaincu que Cariñoso pourrait rester avec nous, mais monsieur le marquis arriva, à l'heure de conduire Cariñoso à la distribution de fourrage.

— Manuel, que fait ici ce cheval boiteux ? C'est une honte pour la maison.

— Monsieur le marquis, Cariñoso est un cheval qui aime les taureaux. C'est pour ça que…

— Assez ! Tu recommences avec tes éternelles histoires. Ce travail peut être fait par un cheval normal, que l'on puisse monter. Que diraient les invités s'ils voyaient ici un cheval boiteux ?

Il n'y avait rien à répondre. Les larmes embuaient mes yeux et le chagrin me nouait la gorge. Le lendemain, un camion vint chercher Cariñoso pour l'emporter dans une propriété agricole de monsieur le marquis, là où les invités ne vont jamais.

Cucharero était toujours avec les vaches de Veta de Piedras. Trois ans passèrent. Les taureaux que nous avions envoyés à une des corridas de la feria de Séville montrèrent peu de forces. Le marquis en revint très préoccupé.

— Manuel, il faut sélectionner le meilleur taureau de l'élevage et l'envoyer à la corrida-concours des fêtes des vendanges de Jerez de la Frontera. Il faut absolument retrouver notre rang.

— Monsieur le marquis, je n'ai aucune confiance dans les taureaux qui nous restent. Les meilleurs sont partis à Séville, et vous avez vu le résultat. Le seul qui pourrait servir, c'est...

— Jabato ? répondit le marquis.

— Non ! Celui-là est presque borgne de l'œil gauche.

— Alors, lequel ?

Avec une certaine crainte, je répondis :

— Cucharero !

— Voyons, Manuel, un étalon dans une corrida ?

— Oui, mais ce taureau est noble, et il porte en lui bien d'autres choses. Je suis sûr que nous remporterions le prix ! Il est brave, et il a des sentiments que vous ne pouvez pas imaginer.

— Encore avec tes bêtises ! Mais comment allons-nous courir le risque de perdre notre étalon ?

— Monsieur le marquis, si le taureau est aussi brave que nous le croyons, il sera gracié. Nous en retirerons la gloire, et nous garderons l'étalon. S'il n'est pas brave, à quoi nous sert-il dans l'élevage ?

La remarque fit mouche et monsieur le marquis décida de présenter Cucharero à la corrida-concours de Jerez.

Comme la date approchait, je m'étais entendu avec le curé, le médecin et le pharmacien du village, et ils m'avaient préparé une trousse, avec le nécessaire pour soigner Cucharero après la grâce. Car il serait gracié pour sa bravoure, et je le ramènerais à la propriété.

Le 3 septembre, quatre jours avant la corrida, Cucharero fut embarqué dans le camion pour Jerez.

Une fois qu'il fut arrivé aux arènes, sous l'œil des autorités, on le pesa. Il faisait 532 kilos en vif.

Je lui servis du grain de la ferme pour qu'il ne souffre pas d'un changement de nourriture.

Les journalistes, qui assistaient au débarquement des taureaux, furent très étonnés de me voir arriver avec une trousse de pharmacie.

— Mayoral, me dit l'un d'eux, tu amènes de quoi droguer le taureau le jour de la corrida ?

— Chez nous, monsieur, on ne fait pas les choses comme ça. Et notre taureau n'en a pas besoin.

— Vous avez tellement confiance en vous ? trancha un autre.

— Une confiance absolue, et, ça, c'en est la preuve, lui répondis-je en brandissant la trousse que j'avais à la main.

Les photographes mitraillèrent ce geste et, le lendemain, les journaux rapportaient l'histoire dans des reportages illustrés. Cucharero était devenu célèbre avant la corrida. Les titres des journaux disaient :

À LA CORRIDA DE JEREZ, IL Y AURA UN ÉTALON DE L'ÉLEVAGE DU MARQUIS DE CASAALTA. LE MAYORAL ASSURE QU'IL SERA GRACIÉ POUR SA BRAVOURE. LES VACHES L'ATTENDENT DÉJÀ DANS L'ENCLOS.

UN TAUREAU QUI NE PEUT MOURIR. CINQUANTE VACHES L'ATTENDENT. MANUEL, L'HOMME QUI DIT CONNAÎTRE LES TAUREAUX AU PROFOND DE LEUR ÂME, EST PRÊT À

SOIGNER CUCHARERO POUR LE RAMENER DANS L'ÉLEVAGE OÙ CINQUANTE VACHES LUI SONT RÉSERVÉES.

« L'ÉLEVAGE EST UNE FAMILLE. LE CHEF DE LA NÔTRE EST CUCHARERO », DIT MANUEL, LE MAYORAL. « ET CE TAUREAU VIENT POUR ÊTRE LE CHAMPION DE NOTRE BRAVOURE. »

Le jour de la corrida, après le tirage au sort, monsieur le marquis montra à nouveau des signes d'inquiétude.

— Manuel, le torero qui a été désigné pour combattre Cucharero est un grand artiste, mais il est très peureux. Il ne fera pas une passe, et notre taureau est perdu.

— Ne vous faites pas de souci. Pour toréer Cucharero, il ne faut pas un grand courage. Il possède autant de noblesse que de bravoure. C'est une faena artistique qu'il nous faut, pour qu'elle reste à jamais gravée dans les mémoires.

Mes paroles remirent du baume au cœur de monsieur le marquis, et bien qu'il refusât toujours de croire aux sentiments des taureaux, il avait toute confiance en ma science de la bravoure.

À cinq heures de l'après-midi, les arènes semblaient coupées en deux par l'ombre et le soleil. Les gradins étaient combles, et le public, m'apercevant au balcon des mayorales, m'honora d'une ovation un peu ironique.

À la sonnerie de trompette, la porte du toril s'ouvrit. Le premier taureau de la corrida se montra couard face au picador. Le deuxième démontra du caractère à la muleta, quoique de comportement très dangereux. Le troisième gratta le sol, le mufle dans le sable.

Tous les spectateurs avaient les yeux sur moi, attendant la sortie de Cucharero. Tout semblait nous être favorable.

Dès sa sortie en piste, Cucharero chargea la cape d'une telle façon qu'on lui accorda la première ovation de la course.

Avec le picador, il prit deux piques, en venant de loin, la queue dressée. Il se battit farouchement, la tête basse, en poussant avec les reins. Le public l'applaudit, il continua à pousser, et il envoya le cheval et le picador sur le sable.

Les capes le déplacèrent vers l'autre picador. Le taureau chargea à nouveau avec entrain. Lorsqu'il sentit le contact du fer sur son dos, Cucharero arrêta de pousser. Il donna des coups de corne vers le haut, comme s'il voulait enlever la pique. Le public hurla :

— Dehors ! Sortez-le ! Où est la trousse de secours ? C'est un barjot ! criaient les gradins.

Le mayoral d'une autre ganadería me dit :

— Le taureau se souvient de la tienta, il veut se débarrasser de la pique !

J'étais abasourdi, je ne savais plus ce qui se passait, ce qui m'arrivait.

La trompette sonna le changement pour les banderilles. Cucharero se comporta mieux, chargeant avec la rectitude et la douceur qui lui étaient si propres.

Le public commença à se calmer.

Quand vint le début de la faena de muleta, un grand silence régnait dans l'arène. Quelque chose d'inédit allait se produire. Il semblait que tout le monde commençait à se plier à mes raisons. Les « Olé! » qui montaient à chaque passe s'entendaient jusque dans la rue… Le public maintenant était debout pour encourager le taureau.

Des naturelles longues, achevées par la passe de poitrine, des derechazos en rond, des passes de toutes les factures, par le haut, par le bas, écrivaient sur le sable la bravoure de Cucharero.

Enivré par la faena, j'avais oublié que le taureau n'avait pas livré aux piques le combat qu'il fallait pour mériter la grâce.

Un groupe qui était placé devant moi se mit debout pour applaudir, et je m'aperçus soudain que le matador avait changé l'épée de bois pour celle en acier et qu'il était en train de se mettre en place pour l'estocade.

Je criai au président depuis mon gradin. Je pensai qu'il avait oublié de gracier Cucharero. Comme il ne m'entendait pas, je sortis avec ma trousse et montai jusqu'à la loge des autorités. Là, j'essayai de parler avec le président. Alors, je regardai la piste et constatai que le taureau n'y était plus.

Je courus vers le toril, rempli d'émotion, avec ma trousse de premiers secours pour soigner ses blessures. Après l'avoir cherché un peu partout sans réussir à le trouver, je quittai les arènes en demandant à tout le monde après Cucharero.

En passant devant l'écorcherie, j'interrogeai un boucher.

— Où ont-ils fourré ce taureau ? Je veux le soigner tout de suite.

Et le boucher, me montrant le sol, me fit entendre que Cucharero était mort.

Et je compris qu'il avait été tué sans que je le voie, pendant que je montais à la loge de la présidence.

— Mais comment est-ce possible ? m'exclamai-je, toujours convaincu que le taureau aurait dû être gracié.

Puis je me souvins qu'il n'avait pas rempli ses obligations de bravoure lors de la troisième pique.

L'angoisse me força à quitter les lieux. Au moment où je traversais le *patio de caballos*, un garçon de piste m'interpella.

— Mayoral, vous auriez une seringue ? La mienne est cassée.

Un autre monosabio maintenait en l'air la jambe d'un cheval.

— Qu'est-ce qu'il a ?

— Rien, il boite un peu et, quand c'est à son tour d'entrer en piste, on lui fait une piqûre pour anesthésier le tendon de la jambe.

Je m'approchai du cheval, j'enlevai le bandeau qui lui couvrait l'œil droit. Il me regarda et la trousse me tomba des mains.

Au sol, la trousse…

— Cariñoso ! m'écriai-je.

Le cheval me reconnut et me répondit par un hennissement sourd.

À voix très basse, je dis :

— Cucharero a perdu la vie pour sauver la tienne. Mais ce n'est pas ta faute.

Le cheval semblait comprendre les mots que je lui adressais, il avait un air malheureux.

Autour de nous, la gêne était palpable. Personne n'osait parler.

Je lui enlevai le caparaçon. Je laissai mes coordonnées et demandai :

— Dites au commissionnaire des chevaux que je voudrais savoir combien il me prendra pour ce cheval.

— Mais il ne vaut pas un clou. Il est boiteux. Il ne vous servira à rien. Il est boiteux… Il ne sert à rien.

Et ils répétaient ça, pendant que j'emportais Cariñoso en longe.

Le lendemain, la télévision retransmit des images de la corrida, avec ce commentaire : « Le meilleur taureau a été celui du marquis de Casaalta. Le mayoral s'est trompé de très peu. Dommage qu'il n'ait pas bien pris la troisième pique, il aurait été gracié. »

Depuis le jour de cette corrida, je ne suis plus revenu à la propriété, malgré l'insistance de monsieur le marquis. Il avait besoin de mes notes sur le bétail et voulait que je revienne, parce que je connais l'élevage comme ma propre famille.

Un jour, il est venu me voir.

— Manuel, il faut que vous reveniez à Veta de Piedras.

— Je ne pourrai pas faire ça tant que vous n'aurez pas reconnu que Cucharero était capable d'éprouver des sentiments

— Mais ce taureau est mort !

— Peu importe. Ses fils sont. On va les tester en tienta. S'ils ont la bravoure de leur père, vous serez obligé de reconnaître que Cucharero n'est pas mort comme un lâche, mais qu'il ne voulait pas faire de mal à son ami, le cheval Cariñoso.

C'est pour ça, messieurs, que nous sommes ici. Les taurillons de la tienta étaient les fils de Cucharero, voilà pourquoi la période de tienta a été avancée. Vous avez tous vu à quel point ils étaient braves et nobles. Monsieur le Marquis, qui connaît les origines de la bravoure de ces taurillons, refuse toujours de croire que LES ANIMAUX SONT CAPABLES D'ÉPROUVER DES SENTIMENTS.

Tous les soirs, on peut voir Manuel se perdre dans le lointain, vers l'enclos des taureaux. Il est en compagnie de Cariñoso, le cheval, qui porte à nouveau sur le dos les sacs de grain. Pour les fils de Cucharero.

Mon rêve avec l'oiseau et le taureau

Aimer les animaux, c'est aimer la Création :

J'aime l'oiseau pour son chant,
J'aime le taureau pour sa bravoure,
L'amour pour ses sortilèges,
Et la femme pour sa tendresse.

Je soutiens que l'existence du taureau de combat ne se justifie que par sa mort.

Non seulement j'estime et aime le taureau pour sa bravoure dans l'arène mais aussi pour son arrogance et son orgueil dans les prés, où la nature teinte sa robe des couleurs des saisons :

Le poil brun pour l'automne
Le roux pour l'été
Le noir pour l'hiver
Le «panaché »pour le printemps.

Quelquefois, on essaie de défendre le taureau de combat, l'animal le plus courageux de la Création, mais je ne connais personne parmi les soi-disant « défenseurs du taureau » qui se soit préoccupé d'en élever. On ne peut défendre ce que l'on ne possède pas.

Ils oublient que, en prônant la disparition des corridas pour sauver le taureau, ils œuvrent pour l'extinction d'une race dont l'unique raison d'exister se trouve dans l'art de toréer. Ce qui revient à demander, non seulement la mort du taureau de combat, mais aussi celle de toute l'espèce, lui refusant ainsi jusqu'au droit de naître.

Par cette « défense », ils attentent à la vie de la race la plus belle, la plus noble et courageuse de l'univers, car la noblesse a plus de valeur si elle est engendrée par la bravoure.

Le taureau de combat n'est jamais vaincu, il reste vivant dans l'Art, modelant sa bravoure dans ce jeu avec la mort, pour que la vie exulte.

Après l'avoir fait combattre, il serait inique de l'humilier en l'envoyant à l'abattoir et, égoïstement, de renoncer à le voir mourir après s'être enthousiasmé pour sa bravoure.

Certaines fois, le taureau nous enseigne que la vie est l'existence du néant :

LA BLESSURE

La mort a coupé les oreilles,
Le taureau a gagné la partie,
Il a laissé la marque de la blessure.
Mon cheval ne galope plus.
Le sang est devenu fou :
Il est mort en voyant la vie.

Une nuit, le silence de Las Marismas entra par ma fenêtre et me conta l'histoire d'un de ces oiseaux qui arrivent de contrées lointaines en suivant les chemins du ciel et observent les coutumes qui nous sont si propres et que ceux qui viennent d'ailleurs peinent à comprendre.

À la tombée d'un soir de printemps, un flamant, regagnant son nid dans Las Marismas, vit un taureau de combat qui s'acharnait contre un cheval monté par un homme. Et il se souvint. Il se souvint de quelque chose qu'il avait vu en passant par Séville, et qu'il n'avait pas compris. Il fit demi-tour, et dans le ciel, au-dessus des arènes de la Maestranza, sur le sable ocre, il vit le reflet rose de ses ailes. Il confondit la piste avec le soleil couchant qui teintait ses plumes et, en vol plané au-dessus des gradins, il assista au combat du taureau et du picador.

Il donna l'alerte aux animaux qui vivent dans Las Marismas et ils convinrent de se réunir à l'aube pour tenter de défendre le taureau brave.

Aucun ne manqua au rendez-vous. Le flamant raconta à l'assistance ce qu'il avait vu. Il dit :

— Nous nous sommes réunis ici pour connaître vos propositions sur la façon de lutter contre l'homme pour la défense du taureau brave.

Le taureau, qui savait se défendre seul, demanda, en préalable à l'exposé d'éventuelles solutions le concernant, que chacun exposât les griefs contre l'homme dont sa propre espèce avait à se plaindre.

Le canard se lamenta :

— L'homme ne respecte pas l'eau, notre territoire. Il s'y dissimule et s'amuse à mitrailler nos vols. Le bruit de ses coups de fusil court en panique dans toute la plaine.

— Nous, dit le lapin, c'est lorsque nous batifolons dans la campagne, humant la rosée à la recherche de l'amour. Ils nous attrapent avec un lacet par le cou pour nous étrangler.

Au merle et à moi, ajouta le rossignol, qui avons pour mission de semer les mélodies dans la plaine, ils nous serrent le cou pour nous faire rentrer dans la gorge l'écho de nos chants.

— Et à nous, ajouta le cerf, il nous force par la terreur à quitter nos collines, il nous traque avec ses meutes de chiens et il nous tire dessus depuis l'affût. En France, les bandes d'hommes à cheval suivent les molosses qui pistent nos traces. Quand nous sommes à bout, blessés et épuisés, ils célèbrent notre mort par une cérémonie.

— Pour nous, la saison des amours commence par des duels pour déterminer lequel d'entre nous sera le premier à choisir sa femelle, dit la perdrix. Alors, l'homme enferme l'un de nos congénères dans une cage accrochée à une branche d'arbre. Celui-ci, qui croit participer aux joutes amoureuses, nous défie de son chant et, lorsque nous arrivons pour l'affronter, nous sommes piégés. Et nous mourons trompés, au nom de la défense de la primauté de l'amour. Celui qui est en cage, qui sert bien involontairement d'appelant, croit alors avoir gagné. Son chant de victoire attire de nouvelles victimes, qui sont parfois ses propres enfants.

Presque tous avaient parlé. Vint le tour du renard :

— Il m'a importé d'Angleterre pour repeupler le Coto de Doñana. Je suis encore horrifié par ce qu'il a fait à ma femelle, alors qu'elle était grosse de moi. Quarante chiens qui aboyaient et couraient derrière elle, cette meute suivie d'autant d'hommes et de femmes à cheval. Quand ils l'ont acculée, elle qui était si fatiguée par la gestation, les dogues l'ont éventrée à coups de crocs. Les petits sont sortis morts du ventre de leur mère.

— Après avoir entendu tout ça, coupa le taureau, je vous dirais que j'ai vu, par les enclos, le butor et l'oiseau froid, un hameçon dans le bec, en train de lutter pendant des heures contre la mort. J'ai vu les bœufs fuir l'homme parce qu'ils en avaient peur. La peur engendre la défiance, la défiance la douleur, la douleur la souffrance. Nous, nous n'avons pas peur. Donc nous ne souffrons pas. Pendant le combat, le courage annihile la douleur. C'est pour cela que nous préférons mourir dans l'arène. L'homme ne nous poursuit pas, il ne se cache pas de nous. Il nous prend la vie. C'est nous qui la lui donnons, en tribut à l'orgueil de notre bravoure, héritage de notre race. S'il n'y avait pas de ces hommes courageux, capables de risquer leur vie pour faire en sorte que notre mort soit notre raison d'être, notre espèce n'existerait pas. Je remercie le flamant pour son intervention car, grâce à lui, qui vient d'un pays où les corridas sont interdites, nous avons discuté de ma défense et nous nous sommes aperçus que c'est vous, vous tous, qu'il faut défendre.

Le jour se levait. Je me réveillai. Le rêve était resté gravé dans mon esprit et, depuis ce jour, je ne cesse de rendre hommage à la bravoure du taureau.

Hennissements d'amour

Le 5 avril 1970, sous une lance de soleil et tandis que les vagues montaient contre le courant, nous descendions le Guadalquivir en bateau, cap sur les Canaries avec mes chevaux et les taureaux pour la corrida… L'odeur d'oranger restait derrière nous. L'horizon commençait à se couvrir du sang du crépuscule. Le vent de Las Marismas traversant la nuit, qui se perdait dans la plaine immense, porta jusqu'à nous les mugissements des taureaux braves. La peau noire du bétail brillait dans les canaux couverts de salicorne.

Les étoiles en troupeaux tombaient dans l'eau des étangs par les sentiers du ciel :

Ô les étangs de Las Marismas,
Miroirs du matin,
La lune s'y mire
Et l'âme s'en réjouit.

Les étalons de Veta de Piedras mesuraient leur force à la pointe des cornes. Leurs mugissements étaient de défi. Les sept taureaux que nous transportions sur le bateau, enfermés dans des caissons, commencèrent à s'agiter. Ils voulaient répondre à l'appel du duel, affronter les étalons. Le souvenir des vaches qu'ils avaient laissées dans les enclos rendait leur prison encore plus étroite. Les cornes se plantaient dans le bois des caissons, cherchant à ouvrir une voie de sortie, tandis que leurs mugissements, vibrants de l'accent des chaleurs, roulaient en écho sur les eaux.

Les chevaux piaffaient comme si la corrida était sur le point de commencer. Sous le balancement des vagues, le bateau les berça, comme pour appeler leur sommeil. Mais

Principe et Misterioso continuaient de frapper des sabots contre les portes.

L'embarcation avait maintenant dépassé Bonanza, et le fleuve l'avait confiée au bras de mer. Les taureaux, peu à peu, se calmèrent, mais les chevaux restaient inquiets. Les oreilles tendues en avant, ils étaient en alerte, les sens aux aguets… Les yeux brillants, les lèvres ouvertes, leurs naseaux s'inondaient de l'odeur de femelle, et des lambeaux de hennissements pendaient dans le silence de la nuit.

Je voulais comprendre ce qui se passait. Je leur apportai de l'eau fraîche. Ils n'en firent aucun cas. Je leur donnai du fourrage et je m'aperçus qu'ils n'avaient même pas touché à la nourriture qu'on leur avait servie au moment du départ.

Je promenais mon inquiétude de la poupe à la proue, sans parvenir à comprendre le pourquoi de la situation. Les chevaux et les deux juments, qui avaient voyagé ensemble pendant toute la saison, étaient habitués à se voir.

Quand apparut Vénus, que les paysans d'ici appellent « *Matagañanes* », la dernière étoile de la nuit, celle qui, dans Las Marismas, marque l'heure du fourrage, on donna à manger à tout le bétail. D'abord aux taureaux, pour qu'ils se tinssent tranquilles : ils commençaient déjà à chercher la lumière du jour par-dessus les cages.

On s'occupa ensuite des deux juments du voyage, Liria, à la robe pommelée, et Calandria, au poil bai foncé. Je me rendis alors compte que la lune les avait mises en chaleur. Les chevaux le sentaient et leur état d'excitation expliquait la raison des hennissements qui avaient couvert de bruit de la mer pendant toute la nuit.

Je plaçai chaque jument à côté d'un cheval, dans l'espoir d'un apaisement réciproque. Sans succès. La nuit arriva et la lune, de ses cornes, déchira le voile noir. La virilité des chevaux s'inscrivait sur les veines de leur cou. Ils battaient des sabots en se cabrant. J'avais peur pour Principe. J'ouvris sa porte pour le calmer, mais il se précipita vers Calandria, la jument qui était avec Misterioso. Je conduisis celui-ci près de Liria, et les deux chevaux retrouvèrent leur calme, comme un lac quand le vent mollit.

Les chevaux aussi ont leurs préférences. Je venais de m'apercevoir que Principe était amoureux de Calandria, si semblable à lui avec son pelage sombre. Et que Misterioso en pinçait pour Liria, à la robe pommelée comme la sienne. La permutation des femelles avait éveillé leur jalousie :

> L'amour est invisible,
> Comme les ailes du vent,
> On ne le touche ni ne le voit,
> Mais on le sent en soi.

Lexique

Acoso y derribo : action de poursuivre à cheval, en plein champ, une vache ou un taureau pour les renverser.

Afición : passion pour la tauromachie.

Al sesgo : manière de poser les banderilles alors que le taureau est contre les planches en querencia.

Banderille : bâton de 80 centimètres décoré de papier de couleur terminé par un harpon et que l'on plante à la base du morillo du taureau.

Banderillero : torero subalterne au service du matador ou du rejoneador. Il peut être amené à poser les banderilles quand il est dans la cuadrilla d'un maestro à pied.

Callejón : couloir entre la piste et les gradins d'une arène qui permet aux professionnels accrédités de circuler, ou contre-piste.

Caparaçon : protection matelassée des chevaux de picadors.

Caracoleo : trajectoire circulaire que prend un cavalier tauromachique pour poser les banderilles courtes ou les roses.

Cartujano : chevaux de pure race espagnole élevés et sélectionnés jadis par les moines chartreux.

Cavaleiro : mot portugais qui signifie cavalier.

Coleta : mèche de cheveux tressés que portent les toreros en activité et qui facilite la tenue de la montera (chapeau plat du torero à pied). Lorsqu'un torero se retire de la profession on a coutume de dire qu'il se coupe la coleta.

Corveta : courbette. Saut d'école dans lequel le cheval se dresse sur les postérieurs à la verticale. Il garde les antérieurs repliés et se déplace par petits bonds en avant comme le ferait une pie. Ce saut très ancien est pratiqué dans les grandes écoles d'art équestre et par certains cavaliers tauromachiques. À Saumur la courbette est une cabrade.

Cuadrilla : ensemble des toreros subalternes qui assistent le maestro.

Cuarteo : phase de couronnement lors de la pose de banderilles à cheval qui se situe juste avant la réunion.

Derechazo : passe de muleta donnée de la main droite.

Derribo : action de renverser à cheval, à l'aide de la garrocha (lance), une vache ou un taureau après l'avoir poursuivi. Cela se fait au campo et permet de tester sa bravoure.

Descabello : épée dont l'extrémité pointue est barrée d'une croix, utilisée pour achever un taureau en touchant le bulbe rachidien.

Empan : unité de mesure ancienne allant de l'extrémité du pouce à celle du petit doigt lorsque la main est ouverte (environ 20 centimètres).

Faena : ensemble du travail réalisé avec le taureau au campo. Également la totalité des actes que fait le matador durant son combat dans l'arène. Ou bien aussi le travail exécuté au troisième tercio et que l'on nomme « faena de muleta ».

Ganadería : élevage de taureaux de combat.

Ganadero : éleveur de taureaux de combat.

Garrochista : cavalier armé de la garrocha.

Garrocha : lance de 3 mètres 50 environ terminée par une pointe métallique pyramidale.

Lanzada : air de fantaisie réalisé soit au paseo soit durant le combat. C'est un bond baroque qui ressemble à la courbette dont Ángel Peralta était friand. La lanzada était également une manière de piquer le taureau dans la forme de tauromachie qui précéda le rejoneo.

Lidia : ensemble des suertes (du travail que l'on fait avec le taureau de sa sortie jusqu'à sa mise à mort).

Maletilla : jeune apprenti torero qui jadis courait les tientas le baluchon sur l'épaule en quête d'opportunité.

Manade : se dit d'un élevage de taureaux camarguais.

Matador : torero principal qui a la charge de tuer le taureau.

Mayoral : contremaître responsable au sein de la ganadería.

Monasabio : littéralement « singe savant ». Ils sont membres de la cavalerie d'arène et au service du picador.

Morillo : masse musculaire importante et proéminente qui se situe entre la nuque et le garrot du taureau.

Mozo de caballos : palefrenier, lad, qui s'occupe des chevaux du rejoneador.

Mozo de espada : valet d'épée. Il a la charge du matériel du maestro, il l'habille et est son homme de confiance.

Muleta : flanelle rouge utilisée d'une seule main par le matador durant la faena.

Novillo : jeune taureau de trois ans.

Novillada : course de jeunes taureaux de trois ans pour jeunes toreros.

Paseíllo ou paseo : défilé initial qui ouvre la corrida.

Picador : torero à cheval subalterne, membre de la cuadrilla. Il est en charge de piquer le taureau.

Por colleras : se dit lorsque deux toreros à pied ou à cheval toréent ensemble un même taureau. La collera est également le binôme garrochista et emparador lors de l'acoso y derribo.

Quiebro : banderille posée à l'écart. Il s'agit, de face, d'attirer le taureau sur la corne contraire pour le feinter.

Quite : passe de cape pour détourner l'attention du taureau ou d'une série de passes lors du premier tiers.

Rejoneador : cavalier tauromachique qui combat avec le rejon.

Rejones : javelots utilisés dans le premier tiers (châtiments) ou rejon de mort pour en finir.

Rejoneo : corrida à cheval.

Sitio : emplacement exact où doit se tenir le torero par rapport au taureau à un moment précis (pour déclencher et éviter sa charge).

Sorteo : tirage au sort des taureaux.

Suerte : suite d'actions précises menées par le toréro au cours du combat.

Tablas : planches qui séparent et matérialisent le callejón. Également terrain des tablas.

Tercio(s) : zone intermédiaire entre les tablas et les medios. Chacune des trois séquences qui composent le combat.

Tempo : rythme de déroulement d'une action.

Tienta ou tentadero : épreuve par laquelle on sélectionne les vaches ou les taureaux étalons.

Toreo : art de toréer.

Toril : espace où sont logés les taureaux avant la corrida.

Toro manso, bravo, con casta : le manso se défend mais n'attaque pas. Le bravo a les qualités de bravoure propres au taureau de combat. Le manso con casta est peureux avec des excès d'affrontement.

Trophée de la Maestranza : trophée remporté par Ángel Peralta en 1979.

Trousse-queue : lanière de cuir qui passe sous la queue du cheval et qui est reliée à la selle pour que cette dernière n'avance pas.

Vessigon : tare dite molle, localisée au jarret du cheval (c'est un épanchement de synovie).

Au diable vauvert

Équitations, tauromachies, nature et territoires

Littérature

SIMON CASAS

Taches d'encre et de sang, récit

La Corrida parfaite, récit

YVES CHARNET

Miroirs de Julien L., prose

DENYS COLOMB DE DAUNANT

Les Trois Paradis, roman

La Nuit du sagittaire, récit

Le Séquoia, roman

OLIVIER DECK

Adieu, torero, nouvelle

ANTOINE MARTIN

La Cape de Mandrake, nouvelles

Produits carnés, nouvelles

DAN O'BRIEN

Les Bisons du Cœur-Brisé, récit

Rites d'automne, récit

Wild idea, récit (mai 2015)

ANNE PLANTAGENET

Manolete, biographie

PRIX HEMINGWAY

Olivier Deck, *Toreo de salon,* anthologie 2005

Olivier Boura, *Pasiphae,* anthologie 2006

Robert Bérard, *Corrida de muerte,* anthologie 2007

Zocato, *Aréquipa, Pérou,* anthologie 2008

Antoine Martin, *Le Frère de Pérez*, anthologie 2009
Jean-Paul Didierlaurent, *Brume*, anthologie 2010
Robert Louison, *Pas de deux*, anthologie 2011
Jean-Paul Didierlaurent, *Mosquito*, anthologie 2012
Miguel Sanchez Robles, *L'Ultime Tragédie païenne de l'Occident*, anthologie 2013
Étienne Cuénant, *Latifa*, 2014
Les lauréats, *Prix Hemingway 10 ans*

JACKY SIMEON
Le Cours du destin, roman

Documents

ALAIN BONIJOL
Tercio de vérité, récit

ÁNGEL PERALTA
Chevaux et taureaux à ciel ouvert, récit

JOSÉ TOMÁS, MARIO VARGAS LLOSA
Dialogue avec Navegante, essai collectif

FRANCIS WOLFF
L'Appel de Séville, allocution

AVEC ANNIE MAÏLLIS, COLLECTIF
D'un taureau l'autre, colloque, album

CHRIS IRWIN
Les chevaux ne mentent jamais, document
Dance avec ton cheval d'Ombre, document

Albums

ALAIN COLOMBAUD, JACQUES MAIGNE
Camargue Plein ciel, beau livre

Jacques Durand, Eddie Pons

Petit nécessaire de toilette à l'usage de ceux qui s'astiquent avant la corrida, humour

Julien Lescarret

Au risque de soi, autobiographie

Eddie Pons

Scènes d'arènes, dessin d'humour

Tout et n'importe quoi sur le cigare, dessin d'humour

Seb & Josep

Les Catalans, Galdric et le Secret des Comtes, BD

Jacky Simeon

Dictionnaire de la course camarguaise, dictionnaire

Composition :
L'atelier des glyphes

Imprimé par L.E.G.O. S.p.A. en Italie
en janvier 2015